Obstgehölze schneiden

Schnitt für Schnitt zu reicher Ernte

> Autor: **Hansjörg Haas** | Fotografen: **Hansjörg Haas, Hans Reinhard und andere bekannte Gartenfotografen** | Illustrationen: **Heidi Janiček**

Inhalt

Schnittpraxis

Das 5-Stufen-Erfolgsprogramm

>> Schnitt für Schnitt zu reicher Ernte

1 Grundlagen

Wer weiß, nach welchen Gesetzen Obstgehölze wachsen und die richtige Schnitttechnik kennt, wird beim Schnitt seiner Obstbäume und Beerensträucher Erfolg haben.

2 Wuchs- und Schnittformen

Obstgehölze können zu verschiedenen Formen erzogen werden. Entscheidend ist, dass sie je nach Alter den richtigen Schnitt bekommen und die Fruchttriebe gefördert werden.

3 Fehler vermeiden

Auch wenn Obstgehölze viele Jahre falsch oder sogar gar nicht geschnitten wurden, können Sie mit den geeigneten Korrekturschnitten Schritt für Schritt wieder in Form gebracht werden.

4 Baumobst schneiden

Werden Obstbäume durch geeignete Schnittmaßnahmen richtig erzogen, können sie viele Jahre reichlich Früchte von hoher Qualität tragen.

5 Strauchobst schneiden

Ob als Strauch, Spalier oder Hochstämmchen: Weil Beerensträucher weniger langlebiges Fruchtholz besitzen, muss man sie regelmäßig schneiden, damit sie vital bleiben.

Obstporträts

TOP 20

Die besten Sorten für eine reiche Ernte im Porträt

Obsttabellen

Anhang

➤ **GU Serviceseiten**

Schnittpraxis

Die Regeln des Wachstums

Wie alle Gehölze wachsen Obstbäume und -sträucher nach bestimmten Regeln. Beachten Sie diese beim Schnitt, führt er zum Erfolg. Die verschiedenen Obstgehölze folgen zwar alle den gleichen Wachstumsgesetzen, reagieren auf jede Schnittmaßnahme aber je nach Art etwas anders. Wie und wie stark sie reagieren, hängt außerdem davon ab, an welcher Stelle am Baum geschnitten wurde, vom Ausmaß des Schnitts sowie vom Schnittzeitpunkt.

Der Schnitt verteilt den nach oben strebenden Saftdruck gleichmäßig.

Wurzel und Krone

Die Wurzel ist das Gegenstück zur Krone. Sie speichert Stärke und Zucker, die in den Blättern gebildet werden. Außerdem nimmt sie Wasser und Nährstoffe auf und leitet sie an die oberirdischen Pflanzenteile weiter. Im Frühjahr vor dem Austrieb pumpen die Wurzeln einen zucker- und nährstoffhaltigen Saftstrom in die Triebe, die daraufhin wieder zu wachsen beginnen. Schneiden Sie zu dieser Zeit, tropft aus den Schnittstellen Saft. Erscheinen die ersten Blätter, lässt dieser Druck nach, weil die Blätter Wasser verdunsten. Je nachdem, wann und wie stark Sie schneiden, hat der Schnitt deshalb auch eine andere Wirkung.

➤ Durch den Frühjahrsschnitt wird ein Teil der Knospen entfernt. Die vorhandenen Reservestoffe aus der Wurzel verteilen sich nun auf die verbliebenen Knospen. Da sie mehr Nährstoffe bekommen, bilden sie längere und stärkere Triebe. Je stärker Sie also im Frühjahr schneiden, um so stärker ist der Austrieb. Schneiden Sie jedoch zu stark, wird das Gleichgewicht zwischen Wurzel und Krone gestört. Weil sich die Reservestoffe auf zu wenige Knospen verteilen, entstehen wenige überlange, instabile Triebe.

➤ Schneiden Sie dagegen im Sommer, entfernen Sie Triebe mit Blättern. Dadurch werden weniger Reservestoffe für den Winter gebildet. Die Folge: Der Neuaustrieb im nächsten Frühjahr ist schwächer.

Wie der Saftdruck wirkt

Weil die Säfte in der Pflanze stets nach oben steigen, werden die obersten und damit jüngsten Triebe und Knospen bevorzugt mit Nährstoffen und Wasser versorgt.

➤ An **steil wachsenden Trieben** (1) treiben deshalb die obersten Knospen am stärksten aus, nach unten werden die Austriebe kürzer.

➤ Bei **schräg wachsenden Trieben** (2) ist der Austrieb

an der Spitze weniger stark als bei steilen, dafür entsteht ein zusätzlicher Saftdruck auf der Trieboberseite. Oberseitig wachsende Knospen treiben stärker aus als solche, die an der Triebunterseite wachsen.

➤ Durch das Gewicht der Früchte **hängen ältere Triebe** (3) nach einigen Jahren nach unten. Nun treiben die Knospen am Scheitelpunkt am stärksten aus. Wachsen die Neutriebe schräg nach außen, sind sie ideal, um das vergreiste Fruchtholz zu ersetzen (→ Seite 24/25).

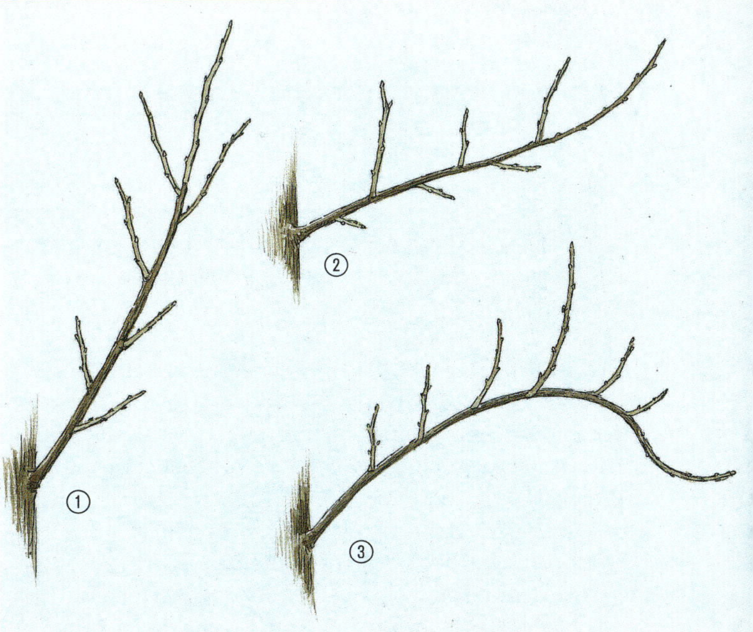

Obere Knospen sind im Vorteil – ob steile, schräge oder hängende Triebe.

Veredlungen

Fast alle Baumobstarten, Beerenhochstämmchen und Reben sind veredelt. Das heißt, eine Edelsorte wurde auf den Wurzelstock einer anderen Sorte aufgesetzt. Diese Wurzel, genannt »Unterlage«, hat bestimmte erwünschte Eigenschaften, die die Edelsorte nicht besitzt. Beim Kauf eines Obstbaums sollten Sie unbedingt auf die Wuchsstärke der Unterlage achten. Sie gibt vor, wie groß und alt das Obstgehölz wird und wie lange es dauert, bis sich Blüten und Früchte bilden.

➤ Der Wurzelstock eines Spindel- oder Buschbaums z. B. bleibt klein und benötigt deshalb zeitlebens eine regelmäßige Nährstoff- und Wasserversorgung.

➤ Stark wachsende Unterlagen für Hochstämme wurzeln dagegen weit und tief. Ausgewachsen sind sie in geringerem Maße auf Nährstoff- und Wasserzufuhr angewiesen.

➤ An der Verfärbung der Rinde sieht man, wie tief der Baum in der Baumschule stand. Setzen Sie ihn genauso tief, damit die Veredlungsstelle über dem Boden liegt. ■

PRAXISINFO

Wildtriebe entfernen

- ✗ Bei veredelten Obstgehölzen kommt es vor, dass aus der Unterlage Wildtriebe wachsen. Sie unterscheiden sich z. B. durch die Blätter von der Edelsorte.
- ✗ Lassen Sie die Wildtriebe stehen, werden sie nach einigen Jahren sehr kräftig, und die veredelte Sorte verkümmert.
- ✗ Entfernen Sie Wildtriebe deshalb, sobald sie entstehen. Reißen Sie sie schon im Sommer direkt an der Wurzel ab. Manchmal ist es nötig, sie dazu etwas freizugraben.

Warum ein Schnitt nötig ist

Der richtige Schnitt bringt Obstgehölze in Form, sorgt dafür, dass sie reiche Ernte von guter Qualität bringen und nicht überaltern.

Jedes Gehölz verfügt über einen eigenen inneren Rhythmus, der die Dauer der Jugendphase und die Zeiträume des Alterns bestimmt. Bei den Obstgehölzen gibt es nicht nur deutliche Unterschiede von Art zu Art, sondern sogar von Sorte zu Sorte. Himbeerruten z. B. bleiben nur zwei Jahre vital und sterben danach ab. Ein Birnbaum dagegen kann weit über 100 Jahre alt werden. Ein Apfelbaum der Sorte 'Topaz' vergreist viel schneller als ein Baum der Sorte 'Boskoop'. Diese unterschiedlichen Alterungsrhythmen sind beim Schnitt zu berücksichtigen.

Neben dem Zeitpunkt (→ Seite 10/11) besitzt auch die Art des Schnitts einen maßgeblichen Einfluss auf die Stärke des Neutriebs. Man unterscheidet zwischen Einkürzen, Umlenken und Verschlanken.

➤ Unter **Einkürzen** (1) versteht man den Rückschnitt eines jungen, einjährigen Triebs. Die Schnittstelle befindet sich im Außenbereich des Gehölzes. Der Saftdruck ist in

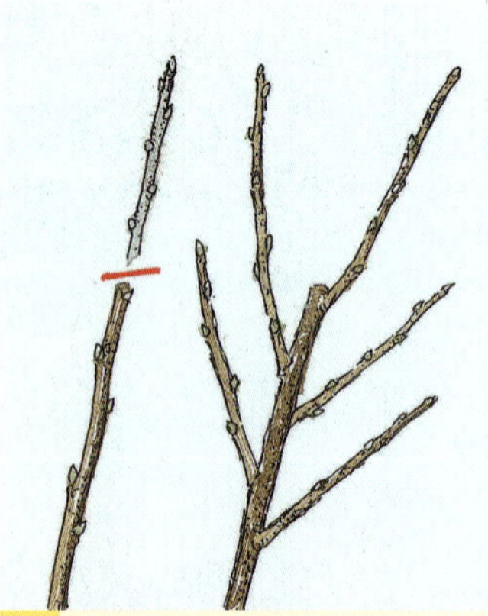

1 Einkürzen

Das Einkürzen eines einjährigen Triebs regt das Wachstum am stärksten an. Es erfolgt deshalb nur bei der Erziehung von Gerüsttrieben.

2 Umlenken

Durch Umlenken entsteht eine neue Fortsetzung, die weiter innen im Baum wächst. Alte, überhängende Triebe lenkt man auf einen Jungtrieb um.

3 Verschlanken

Beim Verschlanken entfernt man die Konkurrenztriebe der eigentlichen Triebfortsetzung. Dieser Schnitt regt das Wachstum am geringsten an.

Schlitzäste können nach Jahren unter der Fruchtlast ausbrechen.

solchen Trieben am stärksten. Je stärker eingekürzt wird, umso größer ist der Saftdruck an der Schnittstelle. Zugleich verringert sich die Anzahl der verbleibenden Knospen. Beides führt zu einem stärkeren Austrieb. Im Extremfall treiben aus den wenigen verbliebenen Knospen überlange, instabile Triebe aus.
Eingekürzt werden allgemein die Gerüsttriebe in der Erziehungsphase von Beerensträuchern und Obstbäumen, damit sie sich kräftigen und nicht zu lang werden, sodass sie später die Fruchtlast tragen können.

➤ Beim **Umlenken** (2) wird der Haupttrieb auf einen weiter innen entspringenden Seitentrieb zurückgeschnitten. An alten Trieben mit vergreisten, überhängenden Triebspitzen weist der Neuaustrieb des Astes, auf den umgelenkt wird, nach oben und außen (→ Seite 24/25). Bei Jungtrieben, die steil wachsen, wird dagegen auf einen Trieb zurückgeschnitten, der flach nach außen wächst (→ Seite 26/27). Beim Umlenken wirkt der Trieb, auf den umgelenkt wird, wie ein »Blitzableiter«: Er nimmt einen Großteil des Saftdrucks auf, der Neuaustrieb ist deshalb schwächer als beim Einkürzen.

➤ **Verschlanken** (3) bedeutet, dass Sie einige miteinander konkurrierende Triebe vereinzeln. Das können sowohl einjährige als auch mehrjährige Triebe sein. Der Strauch oder Baum behält eine lockere Gestalt und das Innere des Baums erhält wieder genug Licht. So bleibt das Fruchtholz vital. Dieser Schnitt regt das Wachstum der Gehölze am wenigsten an. Bei Beerensträuchern kann Verschlanken auch heißen, dass Sie ältere Triebe direkt am Boden entfernen. So wird die Bildung von Neutrieben aus der Wurzel angeregt.

Schlitzäste entfernen

Bei Obstbäumen können sich immer wieder steile Triebe in spitzem Winkel zu Gerüsttrieben oder Stamm entwickeln. Man erkennt sie an den zwei Wülsten auf der Oberseite des Astansatzes, die sich klar gegeneinander abgrenzen. Hier sind Haupt- und Nebenast nicht stabil miteinander verwachsen. Unter der Fruchtlast brechen sie daher später oft und hinterlassen eine Lücke in der Krone. Entfernen Sie solche Schlitzäste frühzeitig. ■

PRAXISINFO

Schnittziele

- ✗ Der Schnitt gibt neu gepflanzten Gehölzen Form.
- ✗ Der Schnitt dient der Erziehung und damit der Ausnutzung des Standraums.
- ✗ Der Schnitt kann das Wachstum anregen oder beruhigen.
- ✗ Der Schnitt soll verhindern, dass das Gehölz überaltert und dafür sorgen, dass es über Jahre reichlich Früchte trägt.
- ✗ Der Schnitt soll Licht und Luft in den Strauch oder den Baum bringen.

Schnittzeitpunkte beachten

Je nach Wuchsrhythmus, Empfindlichkeit und dem Schnittziel müssen Sie die Schnittzeiten differenzieren. Den idealen Schnittzeitpunkt für alle Obstarten gibt es allerdings nicht. Grundsätzlich gilt jedoch, dass Sie zwischen Oktober und Mitte Januar auf den Schnitt verzichten sollten:

➤ Während dieser Zeit geschnittene Gehölze reagieren empfindlicher auf Frost. Von der Schnittstelle ausgehend können einzelne Knospen oder ganze Triebe erfrieren.

➤ Gehölze können erst ab Mai wieder Wundgewebe bilden und die entstandenen Wunden verschließen. Bis dahin sind sie vor Krankheiten ungeschützt.

Beim Pfirsich erhält ein kräftiger Schnitt während der Blüte die Vitalität.

Frühjahrsschnitt

Während man in Gegenden mit Weinbauklima ab Ende Januar mit dem Schnitt beginnen kann, wartet man in kälteren Regionen besser bis Ende Februar.

➤ Bei Temperaturen unter – 5 °C sollten Sie auf keinen Fall schneiden.

➤ Ab Ende Januar bis Mitte März baut sich der Saftdruck in den Gehölzen auf (→ Seite 6/7). Gleichzeitig sind längere Frostperioden seltener. Die Gefahr des Erfrierens wird geringer. Ein früher Schnitt in dieser Zeit regt das Wachstum stärker an als ein später Schnitt Ende März. Denn je weiter das Frühjahr fortschreitet, umso mehr Reservestoffe hat die Wurzel in die Krone transportiert (→ Seite 6/7).

➤ Wenn Sie jedoch mit dem Schnitt bis zur Blüte warten, entfernen Sie Triebe und Blätter, die zur Energiegewinnung im selben Jahr nicht mehr zur Verfügung stehen. Damit können Sie sehr stark wachsende Bäume beruhigen; das gilt auch für Gehölze, deren Spitzen zu stark und zu oft eingekürzt wurden und die deshalb zu stark ausgetrieben haben (→ Seite 8/9).

➤ Gegen Frost empfindliche Obstarten schneiden Sie erst im späten Frühjahr kurz vor dem Austrieb (Kiwi und Brombeere) oder während der Blüte (Pfirsich). Bei der früh blühenden, sehr sensiblen Aprikose warten Sie mit dem Schnitt bis nach dem Austrieb, sonst können ganze Haupttriebe erfrieren. Ein früher Schnitt dieser Obstarten würde zwar das Wachstum stärker anregen, geht aber zu sehr auf Kosten der Vitalität.

Vergreiste Gehölze dieser Gruppe schneiden Sie ebenfalls spät. Das Wachstum können Sie durch einen starken Schnitt anregen.

Nach der Verjüngung beruhigt ein Sommerschnitt zu starkes Wachstum.

Sommerschnitt

Ein Sommerschnitt beruhigt das Wachstum und ist sehr verträglich. Das Gehölz verschließt die Wunde schnell und schützt sich so vor Krankheiten (→ Seite 20/21).

➤ Im Sommer entfernt man steile Triebe im Kroneninnern und Konkurrenztriebe. Die Energie, die das Wachstum dieser Triebe kosten würde, kommt dann der verbleibenden Pflanze zugute.

➤ Empfindliche Gehölze, deren Wunden beim Frühjahrsschnitt stark zurücktrocknen, schneidet man besser im Sommer. Dazu gehören Aprikose, Süßkirsche, Pfirsich und Zwetschge.

➤ Im Sommer entfernt man außerdem von Krankheiten befallene Triebe bis ins gesunde Holz, um weiteren Befall einzudämmen. Werfen Sie solche Triebe in den Müll.

➤ Mit dem Sommerschnitt werden gleichzeitig Blätter entfernt. Die Pflanze bildet dadurch weniger Reservestoffe aus.

Schnittrhythmus

Grundsätzlich ist es von Vorteil, jedes Jahr zu schneiden, denn regelmäßiges Schneiden bedeutet in den meisten Fällen weniger Arbeit.

➤ Bei Obstgehölzen, deren Fruchtholz schnell altert, ist ein regelmäßiger Schnitt die Voraussetzung, um hochwertiges Obst zu ernten. Dies gilt für Beerenobst sowie für Pfirsich, Aprikose und Sauerkirsche, die meist an einjährigen Trieben ihre Blütenknospen tragen.

➤ Das Fruchtholz anderer Obstarten ist länger vital. Die besten Blütenknospen finden sich bei Apfel, Birne, Zwetschge oder Süßkirsche an zwei- bis dreijährigen Trieben. Schneiden Sie diese Obstgehölze ebenfalls jährlich, müssen Sie wenig schneiden und nur kleinere Triebe entfernen.

➤ Schneiden Sie jedoch nur alle paar Jahre, bilden sich bei Obstbäumen starke Äste, und Beerensträucher werden sehr dicht: Nun muss sehr viel massiver geschnitten werden. Die Pflanzen reagieren mit starkem Wachstum. Es dauert oft zwei bis drei Jahre, bis sich wieder ein Gleichgewicht zwischen Wurzel und Krone einstellt und sich das Wachstum beruhigt. ■

PRAXISINFO

Verbotene Zeiten

- ✗ Schneiden Sie nie bei Frost, da sich Wunden nicht schließen können.
- ✗ Um ab März brütende Vogelarten nicht zu stören, untersagen die Naturschutzgesetze oft Rodung und massiven Schnitt zwischen März und Oktober.
- ✗ Schnitte, die nur der Pflege dienen, sind aber auch in dieser Zeit erlaubt. Ihre Gemeinde gibt Auskunft, welche Regelung gilt.
- ✗ Schneiden Sie Bäume nie bei nassem Wetter: Nasse Rinde bietet keinen Halt. Leitern oder Sie selbst können leicht abrutschen.

Die richtige Schnitttechnik

Richtig ausgeführte Schnitte lassen Wunden schneller heilen. Ein günstiger Schnittwinkel und glatte Wundränder helfen dabei.
Je nach Alter der Triebe schneidet man an verschiedenen Stellen: Junge Triebe schneidet man knapp über einer Knospe, ältere Triebe dicht über einem so genannten Astring.

Das Wundgewebe verschließt den Schnitt von den Rändern her völlig.

Junge Triebe

Beim Einkürzen einjähriger Triebe führen Sie den Schnitt leicht schräg von der Knospe weg (→ Abb. 1, Seite 13).

➤ Um den richtigen Abstand zur Knospe zu finden, legen Sie den Daumen der freien Hand auf die Knospe und setzen Sie die Schere direkt über dem Daumennagel an.

➤ Schneiden Sie zu dicht an der Knospe, trocknet sie ein. Es darf aber auch kein zu langes Stück stehen bleiben, da es sonst nicht von Wundgewebe überwallt werden kann.

Ältere Triebe

An der Basis älterer Triebe befindet sich ein kleiner Wulst. In diesem Astring liegt teilungsfähiges Gewebe, das Wunden schnell heilen lässt.

➤ Setzen Sie beim Schneiden Schere oder Säge auf der Trieboberseite über diesem Wulst an und führen Sie den Schnitt leicht schräg nach unten außen (Abb. 2, Seite 13).

➤ Schneiden Sie unter dem Astring, entfernen Sie das teilungsfähige Gewebe und verletzen den Haupttrieb.

➤ Wird der Schnitt waagerecht durchgeführt, entsteht ein Stumpen, der nicht mehr ernährt wird und eintrocknet. Damit Wundgewebe die Wunde überwallen kann, müssen Sie diesen Stumpen nachträglich entfernen.

➤ Dicke, schwere Äste sägen Sie zunächst etwa 50 cm oberhalb der eigentlichen Schnittstelle von unten her an. Dann sägen Sie 10 cm oberhalb dieses Schnitts von oben in den Ast, bis er abbricht. Es bleibt ein Aststumpf stehen, den Sie nun leicht halten können und schließlich an der endgültigen Schnittstelle entfernen.

Wundheilung

Zwischen dem Rinden- und Holzgewebe von Gehölzen liegt eine dünne Schicht, das Kambium. Es ist für die Zellteilung und -vermehrung und damit für die Wundheilung verantwortlich. Es sorgt an einer Wunde für vermehrtes Wachstum. Dieses Wundgewebe bildet im Sommer einen Wulst, der die Wunde von außen nach innen über-

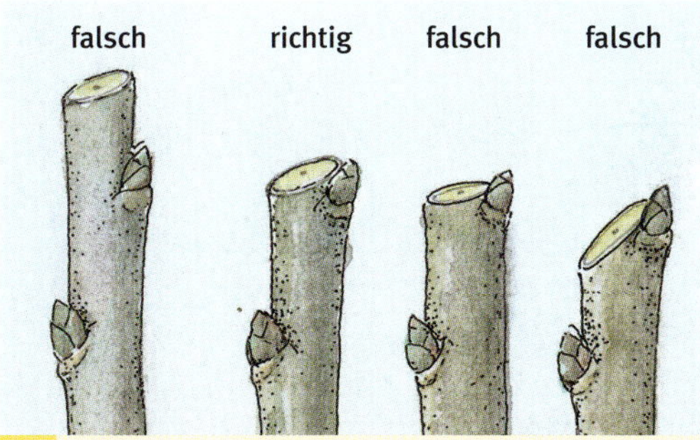

1 Schnitt an einer Knospe

An einjährigen Trieben sind die jungen Knospen gut zu erkennen. Beim Einkürzen solcher Triebe schneiden Sie über einer jungen Knospe den Trieb leicht schräg von der Knospe wegweisend ab. Einkürzen ist notwendig für den Gerüstaufbau bei Obstbäumen, Beerensträuchern und beim Fruchtholzschnitt von Weinrebe und Kiwi.

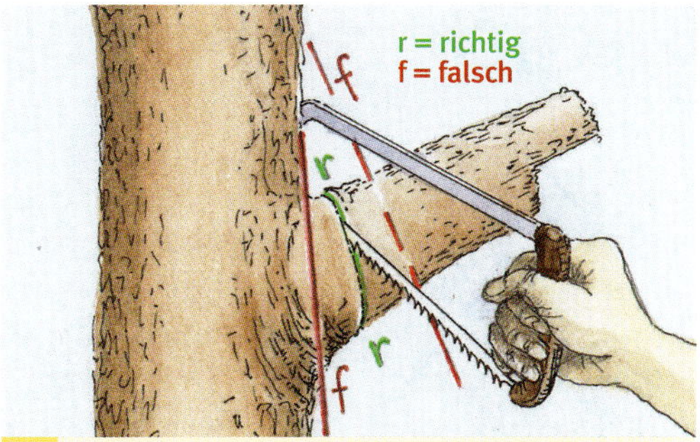

2 Äste absägen

Dickere Äste sollten Sie immer in zwei Schritten absägen (wie beschrieben). Führen Sie beim endgültigen Entfernen den Schnitt leicht schräg vom verbleibenden Ast weg und erhalten Sie dadurch die Wulst an der Triebbasis, den so genannten Astring. Ausgefranste Wundränder glätten Sie mit einem Messer nach.

wächst und schließt. Bei großen Wunden kann der Wundverschluss Jahre dauern.

➤ Je glatter die Wundränder sind, umso schneller wird die Wunde geschlossen. Ausgefranste Ränder können nur schwer überwallt werden.

➤ Gleichzeitig schottet das Gehölz Wunden ab, indem es im Holz unterhalb der Schnittstelle eine Trennschicht bildet. Dies findet nur zwischen Anfang Mai und Ende September statt, zwischen Herbst und Frühjahr kann die Pflanze Bakterien und Pilze nur ungenügend abwehren.

➤ Wundverschlussmittel verwenden Sie nur bei Schnittstellen über 5 cm Durchmesser. Streichen Sie aber nur die Wundränder dünn ein. So kann das Kambium nicht eintrocknen. Der Holzkern bleibt frei, damit er abtrocknet. Kleine Wunden oder Schnittstellen nach einem Sommerschnitt streicht man nicht ein.

Zapfen schneiden

Leiten Sie einen größeren Ast auf einen weiter innen wachsenden Seitenast um, entsteht eine große Wunde. Beträgt deren Durchmesser mehr als die Hälfte des Durchmessers der neuen Triebfortsetzung, besteht die Gefahr, dass die Wunde zurücktrocknet. In einem solchen Fall lassen Sie beim Schnitt einen 10–20 cm langen Zapfen stehen. Nach zwei Jahren, wenn der Trieb dicker geworden ist, entfernen Sie den Zapfen in einem schrägen Winkel. Die Wunde wird nun zügig überwallt und trocknet nicht in den Hauptast ein. Zapfenschnitte führt man bei Kirsche, Zwetschge und Pfirsich durch. Entfernen Sie den Zapfen nach der empfohlenen Zeit unbedingt. ■

Geeignete Werkzeuge

Wählen Sie für jeden Schnitt das geeignete Werkzeug und sorgen Sie dafür, dass es immer scharf und sauber ist. Nur mit dem richtigen Werkzeug von guter Qualität können Sie Schnitte fachgerecht ausführen. Die dabei entstehenden Wunden sind glatt und heilen schnell.

Hand- und Astscheren

Das wichtigste Schnittwerkzeug ist sicherlich die Handschere. Man unterschiedet zwei Scherentypen: Amboss-Scheren und Bypass-Scheren.

➤ Bei **Amboss-Scheren** stößt die Klinge auf einen Amboss. Da der Amboss beide Schnittseiten quetscht, sind sie eigentlich nur für weiche Triebe geeignet.

➤ Bei **Bypass-Scheren** dagegen läuft die scharfe Klinge am stumpfen Amboss vorbei. Es entstehen keine Quetschungen. Diese Scheren sind deshalb bei Obstgehölzen zu bevorzugen.

➤ Bei Scheren guter Qualität können Sie zwischen Modellen für Rechts- und Linkshänder und solchen für kleine Hände wählen.

➤ Äste ab 2 cm Dicke, die mit der Handschere nicht mehr zu schneiden sind, entfernt man mit der **Astschere**. Auch hier schneiden Bypass-Scheren sauberer als Amboss-Modelle. Wählen Sie Scheren mit einer großen Klinge, deren Amboss schnabelförmig und gezähnt ist. Durch leichtes Zudrücken fixieren Sie damit den Ast, so gleitet er beim Schnitt nicht ab. Die langen Holme erleichtern das Ausschneiden von Beerensträuchern und das Schneiden von Ästen über Kopfhöhe. Bei Astscheren mit zusätzlicher Übersetzung sparen Sie zwar Kraft, trotzdem sollten Sie im Zweifelsfall zur Säge greifen, bevor Sie sich mit einem dicken Ast zu sehr abmühen.

Astschere, Handschere und Schwertsäge sind die ideale Grundausstattung für den Obstgehölzschnitt.

Richtig sägen

Bei Ästen ab 4 cm Dicke sind **Schwertsägen** für einen sauberen Schnitt unentbehrlich. Sägen Sie immer nur beim Ziehen und schieben Sie die Säge ohne Druck zurück, die Klinge könnte sonst brechen. Große, schwere Äste entfernen Sie in Etappen (→ Seite 12/13). Achten Sie auf einen rutschfesten Griff und ein scharfes Sägeblatt.

Jungbäume benötigen nicht nur einen Pfahl als Stütze, in diesem Stadium lassen sie sich auch noch gut formieren.

Werkzeug-Pflege

Hochwertiges Werkzeug verdient gute Pflege. Wird das Werkzeug bei der Arbeit nass, trocknen Sie es nach Gebrauch ab, damit es nicht rostet. Kaufen Sie immer Werkzeug, das gut in der Hand liegt und sich in seine Einzelteile zerlegen lässt. Schleifen, ölen und neu justieren ist so leichter möglich. Die Klinge muss bei Bypass-Scheren ohne Spiel scharf am Amboss vorbeilaufen. Schleifen Sie die Klinge regelmäßig; gute Messergeschäfte führen den Schliff ebenfalls durch. Etwas Öl sorgt dafür, dass sich die beiden Scherenelemente ohne Widerstand bewegen lassen.

Schnur und Spreizholz

Manchmal kann es notwendig sein, zu flache Seitenäste hochzubinden oder zu steile Äste zu spreizen. Achten Sie hier darauf, dass die Bindeschnur beziehungsweise das Spreizholz nicht einschnüren oder durch Windbewegungen scheuern. Schnur und Holz entfernen Sie spätestens nach drei Jahren wieder. ■

SPARTIPP

>> Schnitt für Schnitt

Sparen durch Qualität

Eine hochwertige Handschere kann bis zu 40 Euro kosten. Sie bietet eine entsprechend hohe Qualität in Material und Verarbeitung.

- Die Schere lässt sich leicht auseinandernehmen, reinigen und geölt wieder zusammensetzen.
- Die Klinge kann ohne Verlust oft nachgeschliffen werden.
- Bei gutem Werkzeug sind Ersatzteile auch noch nach Jahren erhältlich, sodass Sie bei Schäden nicht das ganze Gerät ersetzen müssen.

PRAXISINFO

Nützliche Helfer

- ✗ **Hippen** – Messer mit gebogener Spitze – erleichtern das Glätten von Wundrändern.
- ✗ Gibt es viel zu sägen, bewährt sich eine **Bügelsäge**. Damit können Sie beim Ziehen und Drücken sägen.
- ✗ Scheren oder Sägen auf **Teleskopstangen** ermöglichen das Arbeiten bis zu 5 m Höhe vom Boden aus. Man kann damit aber nie so exakt arbeiten wie mit Leiter und Hand- oder Astschere.
- ✗ **Motorsägen** sind für normale Pflegeschnitte nicht notwendig. Sie dürfen nur von geschulten Personen bedient werden!

Erziehungs- und Triebformen

Je nach Unterlage werden Obstgehölze zu verschiedenen Formen erzogen. Ihre Früchte tragen sie immer an dem für sie typischen Fruchtholz.

Rundkrone

Häufig ist eine Stammhöhe von 1–2 m, veredelt wird auf mittel- bis starkwachsenden Unterlagen und der Platzbedarf beträgt 25–100 m^2.

➤ In der **Erziehungsphase** in den ersten fünf bis zehn Jahren wird aus dem senkrechten Mitteltrieb und drei bis vier gleichmäßig verteilten Seitentrieben das Gerüst gebildet. Alle Gerüsttriebe bleiben während des ganzen Baumlebens erhalten und werden nicht ersetzt. Der Erziehungsschnitt (→ Seite 18) kräftigt diese Triebe, damit sie die Fruchtlast tragen können. Vom Gerüst gehen die flachen Fruchttriebe ab, die der Blüten- und Fruchtbildung dienen. Sie vergreisen nach einigen Jahren und werden, je nach Art, nahe dem Gerüst auf einen jüngeren Trieb zurückgeschnitten.

➤ Der spätere **Erhaltungsschnitt** (→ Seite 18/19) muss regelmäßig, aber nicht jedes Jahr durchgeführt werden. Bäume mit Rundkrone tra-

1 Rundkrone

Bei einer gut erzogenen Rundkrone sind die kräftigen drei Seitengerüstäste sowie der Mitteltrieb sehr deutlich zu erkennen.

2 Spindel

Bei der Apfelspindel gehen die Fruchttriebe ausschließlich von einer Gerüstmitte ab. Durch die Kegelform erhält jeder Ast optimales Licht.

3 Beerenstrauch

Sträucher bauen kein langlebiges Gerüst auf, dafür wachsen immer wieder Jungtriebe nach. Sie ersetzen nach einigen Jahren vergreiste Alttriebe.

Erst ab dem zweiten Jahr beginnen die Triebe sich zu verzweigen.

gen nach vier bis acht Jahren die ersten Früchte und werden einige Jahrzehnte alt.

Spindelbäume

Spindelbäume wachsen auf schwachen Unterlagen und brauchen höchstens 4 m^2.

➤ Als Gerüst haben sie nur den Mitteltrieb, von dem die flachen Fruchtäste abzweigen. Damit auch die unteren Bereiche genug Licht bekommen, schneidet man die Spindel in der typischen »Tannenbaumform«.

➤ Um die Vitalität zu erhalten, ist ein jährlicher Schnitt nötig. Spindelbäume tragen nach zwei Jahren, werden aber meist nur 15 Jahre alt.

Beerensträucher

Bei Beerensträuchern wachsen acht bis zehn Gerüsttriebe direkt aus dem Boden. Weil sie erheblich schneller vergreisen als Baumobst, wird der einzelne Gerüsttrieb spätestens nach fünf Jahren am Boden entfernt und durch einen Jungtrieb ersetzt.

➤ Bei der Erziehung am **Drahtgerüst** lässt man höchstens drei Gerüsttriebe stehen, dafür wird enger gepflanzt. Drahtspalierobst erhält gleichmäßiger Licht als frei wachsende Sträucher.

➤ Hochstämmchen brauchen einen **stabilen Pfahl** und nehmen kaum Platz weg, werden jedoch nur sechs bis zehn Jahre alt.

Triebformen

➤ Junge, unverzweigte Triebe nennt man nach einer Wachstumsperiode **einjährige Triebe**. Sie können Knospen mit Blatt- und/oder Blütenanlagen tragen.

➤ Im nächsten Jahr bildet dieser Trieb an seiner Spitze wiederum einen einjährigen Trieb (die Triebverlängerung), gleichzeitig bildet er aber auf fast ganzer Länge kurze Seitentriebe, die sehr oft mit Blütenknospen enden. Diese Triebform nennt man **zweijährig**.

➤ Triebe von unter 10 cm Länge werden als **Kurztriebe**, von über 10 cm Länge als **Langtriebe** bezeichnet.

➤ Jede Obstart trägt ihre Blüten und Früchte an **Fruchttrieben** mit einem bestimmten Alter. Die einen Obstarten tragen nur an jungen Trieben. Ihr Fruchtholz vergreist sehr schnell, sie benötigen deshalb einen starken Schnitt. Andere Arten besitzen Fruchtholz, das lange vital bleibt. Sie werden weniger geschnitten. ■

PRAXISINFO

Alter der Fruchttriebe

- ✗ **Am einjährigen Trieb tragen** Brombeere, Frühsommerhimbeere, Nektarine, Pfirsich, Sauerkirsche, Schwarze Johannisbeere, Weinrebe.
- ✗ **Vorwiegend am zweijährigen Trieb tragen** Apfel, Birne, Heidelbeere, Quitte, Rote Johannisbeere, Zwetschge.
- ✗ **Am zweijährigen und älteren Trieb tragen** Süßkirsche, Walnuss.
- ✗ **An diesjährigen Trieben fruchten** Herbsthimbeeren.

Für jedes Alter der richtige Schnitt

Je nach Alter des Obstgehölzes führt man Pflanz-, Erziehungs-, Erhaltungs- oder Verjüngungsschnitte durch. Im Lauf der Jahre sind spezielle Schnittformen nötig, um die gewünschte Form zu erzielen und das Gehölz vital zu erhalten.

Pflanzschnitt

Mit dem Pflanzschnitt gleichen Sie bei wurzelnackten Gehölzen (das sind Pflanzen ohne Erdballen) den Wurzelverlust aus, der beim Roden in der Baumschule entstanden ist. Gleichzeitig legen Sie damit die spätere Form des Baums fest.

➤ Beim Kauf von Spindelbäumen guter Qualität (→ Seite 29) ist ein Pflanzschnitt kaum notwendig.

➤ Bei Bäumen mit Rundkronenerziehung wählen Sie zusätzlich zum Mitteltrieb drei bis vier Seitengerüstäste aus. Diese und den Mitteltrieb kürzen Sie ein (→ Seite 8/9), um sie zu kräftigen. Bei allen Obstbäumen werden die Konkurrenztriebe zum Mitteltrieb entfernt.

➤ Allgemein gilt: Je schwächer ein Gehölz entwickelt ist, umso stärker fällt der Pflanzschnitt aus, damit das Wachstum angeregt wird.

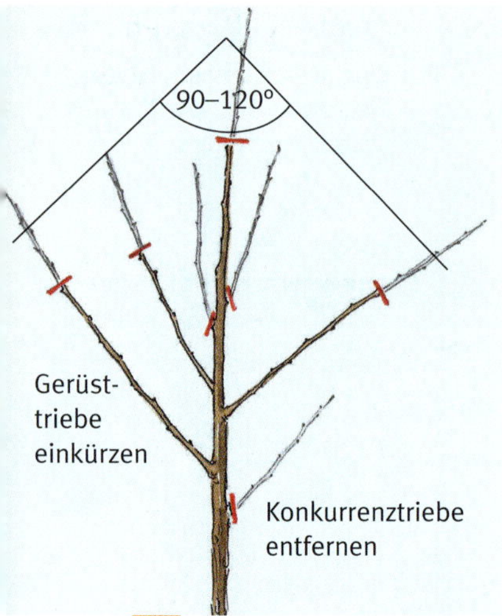

So wird der Pflanzschnitt bei Rundkronen richtig ausgeführt.

Erziehungsschnitt

Durch den Erziehungsschnitt wird in den ersten drei (Spindeln, Beerensträucher) bis sieben (Rundkronenbäume) Jahren die Kronenform festgelegt. Zwar können sich jetzt schon Früchte bilden, sie sind aber zunächst nicht das vorrangige Ziel.

➤ Vor allem bei Bäumen mit einer Rundkrone werden die Gerüstäste weiterhin jährlich eingekürzt (→ Seite 8/9), um sie zu stärken. Entfernen Sie an den neuen Triebverlängerungen eventuell vorhandene Konkurrenztriebe.

➤ Die seitlich an den Gerüsttrieben wachsenden Triebe, die Fruchttriebe, kürzen Sie nie ein. Sie wachsen dadurch schwach und setzen bereitwillig Blütenknospen an.

➤ Wildtriebe entfernen Sie im Sommer vollständig.

➤ Bei Himbeeren und Brombeeren entfällt der Erziehungsschnitt, da sie kein langlebiges Gerüst bilden.

Erhaltungsschnitt

Ist der Baum erzogen, ändert sich die Absicht beim Schnitt – er dient nun der Produktion qualitativ hochwertiger Früchte.

Mit dem Erhaltungsschnitt bremsen Sie übermäßiges Wachstum, ersetzen vergreistes Fruchtholz und erhalten die Fruchttriebe vital.

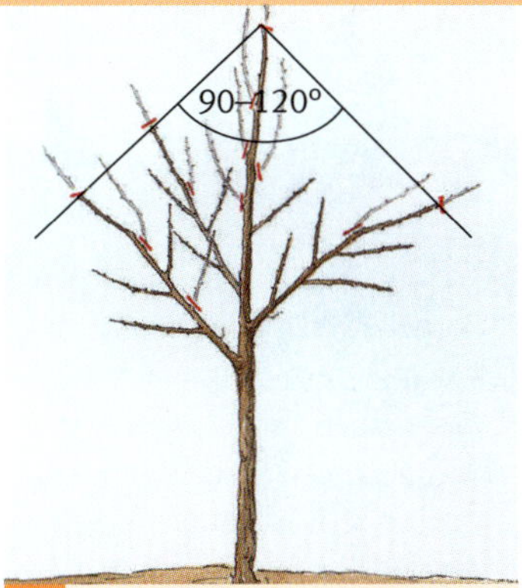

1 Erziehungsschnitt

Ziel ist ein stabiles Gerüst, nach innen wachsende Triebe entfernt man. Nur Gerüsttriebe kürzt man zur Stärkung ein, Fruchttriebe dagegen nicht.

2 Erhaltungsschnitt

Er bewahrt die Vitalität des Gerüsts, altes Fruchtholz wird gerüstnah entfernt. Gerüst- und Fruchttriebe werden nur verschlankt oder umgelenkt.

3 Verjüngungsschnitt

Überhängende Frucht- und Gerüsttriebe werden auf jüngere, schräg nach oben wachsende Triebe umgelenkt, die neue Triebspitze verschlankt.

➤ Bei Spindelbäumen und Beerenobst ist ein jährlicher Schnitt nötig, bei Rundkronen reicht es, alle zwei bis drei Jahre zu schneiden.

➤ Empfindliche Obstarten schneidet man ausschließlich, stark wachsende zusätzlich im Sommer (→ Seite 20/21). Je regelmäßiger Sie schneiden, desto leichter geht Ihnen der Schnitt von der Hand.

Verjüngungsschnitt

Führt man bei älteren Obstgehölzen den Erhaltungsschnitt nicht durch, überaltern die Fruchttriebe, und das Kroneninnere verkahlt. Mit dem Verjüngungsschnitt entfernen Sie diese vergreisten Triebe und regen das Gehölz zu neuerlichem Wachstum an (→ Seite 24/25). Zusätzlich lenken Sie Gerüsttriebe, die sich senken, auf steiler stehende jüngere Triebe um (→ Seite 9). Um ein größtmögliches Wachstum zu erreichen, führt man den Verjüngungsschnitt bei Apfel, Birne und Beerensträuchern im Frühjahr durch, bei anderen Obstarten mit Rücksicht auf ihre Empfindlichkeit im Sommer. Der Verjüngungsschnitt ist ein starker Eingriff. Damit er Erfolg hat, braucht er in den nächsten zwei bis drei Jahren eine Nachpflege. ■

CHECKLISTE

Qualität erkennen

Hochwertige Obstgehölze besitzen beim Kauf

- ✔ gesunde Wurzeln
- ✔ eine vollständig verwachsene Veredlungsstelle
- ✔ einen geraden Stamm beziehungsweise Mitteltrieb
- ✔ keine Steiltriebe
- ✔ eine gleichmäßige Verzweigung mit fünf bis sieben Trieben
- ✔ keine eingetrockneten Stellen an den Trieben
- ✔ ein Etikett mit Angabe der Sorte und bei Veredlungen auch der Unterlage

Nützlicher Sommerschnitt

Drei Gründe sprechen für den Sommerschnitt: Empfindliche Gehölze schotten größere Wunden sofort ab, das Wachstum stark wachsender Gehölze wird beruhigt und die Bildung von Blütenknospen angeregt. Obstgehölze bilden Blatt- und Blütenknospen für das nächste Jahr bereits im Sommer des Vorjahrs. Dieser Prozess ist Ende Juli abgeschlossen. Die weiteren Wachstumsbedingungen bis zum Herbst, wie z. B. die Nährstoff- oder Wasserversorgung, beeinflussen nur noch die Qualität der Knospen.

Der Schnitt an belaubten Gehölzen erfordert ein genaues »Hinsehen«.

Früher Sommerschnitt

➤ Ein früher Sommerschnitt Mitte Juni bis Anfang Juli fördert die Bildung von Blütenknospen unterhalb der Schnittstelle. Dabei werden lange diesjährige Triebe auf 5–10 cm lange Zapfen eingekürzt. Diese Zapfen treiben anschließend aus, die Triebe bleiben aber deutlich kürzer. Entlang des Zapfens – nun ein Kurztrieb – bilden sich Blütenknospen, die sich an den ungeschnittenen Langtrieben nicht entwickeln würden. Der Schnitt fördert also den Impuls, Blüten und damit Früchte zu bilden.

➤ Gleichzeitig werden Langtriebe, die sonst als Konkurrenz- oder Steiltriebe vollständig entfernt werden müssten, in nützliche Fruchttriebe umgewandelt.

Später Sommerschnitt

Erfolgt der Sommerschnitt spät, nach Ende Juli, treiben die Pflanzen an den Schnittstellen nur noch in Ausnahmefällen aus. Sie sollten diese Maßnahme bis Mitte September abschließen, denn ab diesem Zeitpunkt beginnt bereits die Ruhephase der Gehölze. Meiden Sie heiße oder trockene Perioden im Juli/August. Durch den plötzlichen, starken Lichteinfall ins Kroneninnere kann sowohl an der Rinde als auch an den Blättern Sonnenbrand entstehen. Wässern Sie in Trockenzeiten nach dem Schnitt das Gehölz, denn jegliche Form von Stress vermindert die Widerstandskraft.

➤ Werden im Sommer größere Äste entfernt oder empfindliche Gehölze geschnitten, erfolgt unverzüglich eine innere Abschottung der Wunde. Gleichzeitig bildet sich oft noch Wundgewebe an den Rändern der Schnittstelle. Das Kambium kann in der Folge nicht mehr zurücktrocknen (→ Seite 12/13). Achten Sie stets auf glatte

Wundränder. Schneiden Sie eventuell mit einem Messer nach (→ Praxisinfo Seite 15).

➤ Lichten Sie in jedem Fall mit dem späten Sommerschnitt steile Triebe aus, die im nächsten Frühjahr sowieso entfernt würden. Die von der Pflanze gebildeten Nährstoffe kommen dann nur noch den erwünschten Trieben zugute und stärken diese zusätzlich.

➤ Da Sie mit dem Sommerschnitt auch Blätter entfernen und damit die Reservestoffbildung verringern, beruhigen Sie das Wachstum im nächsten Jahr (→ Seite 10/11).

➤ Je später Sie den Sommerschnitt durchführen, umso mehr Reservestoffe wurden bereits gebildet und umso schwächer fällt die Beruhigung des Wachstums aus. Schneiden Sie also Bäume spät im Sommer, die den Frühjahrsschnitt schlecht vertragen, aber vergreist sind, und dringend einer Wachstumsanregung bedürfen. Beispiele hierfür sind Walnuss und Aprikose.

➤ In der Praxis erfordert der Sommerschnitt ein genaueres »Hinsehen« als der Winterschnitt. Durch die vielen Blätter ist der Kronenaufbau nicht so leicht zu erkennen wie im Frühjahr. Versuchen Sie sich vor dem Schnitt möglichst genau vorzustellen, welche Lücke entsteht, wenn Sie diesen oder jenen Ast entfernen würden. Biegen Sie mögliche Äste zur Seite, so erkennen Sie die entstehende Situation besser. Beginnen Sie mit dem Schnitt von oben und außen: Minderwertige Schattentriebe im Kroneninneren werden wegen der veränderten Lichtverhältnisse plötzlich zu nützlichen Trieben. ■

Der Sommerschnitt hält Kirschbäume gesünder als der Schnitt im Winter.

CHECKLISTE

So schneidet man im Sommer

- ✔ **generell:** Steil- oder Konkurrenztriebe auslichten
- ✔ **Spaliere:** Pflege- und Formierungsschnitte
- ✔ **Kiwi, Weinrebe:** überlange Triebe einkürzen
- ✔ **Walnuss, Aprikose:** alle nötigen Schnitte
- ✔ **Kirsche, Zwetschge, Pfirsich, Sauerkirsche:** Erhaltungs-, Verjüngungsschnitt
- ✔ **Himbeere, Brombeere:** abgetragene Ruten entfernen, überzählige neue Ruten ausdünnen

So ernten sie leckeres Spalierobst

Spaliere sind an einem Gestell oder Drahtrahmen formal erzogene Obstgehölze. Sie benötigen einen speziellen Schnitt.

Nach dem Pflanzen werden alle Triebe, die nicht dem Aufbau des Gerüsts dienen, auf kleine Zapfen zurückgeschnitten. Steile Triebe entfernt man ganz. Die seitlichen Gerüsttriebe bindet man flach an das Gestell und kürzt sie auf 60 cm Länge ein. Den Mitteltrieb schneiden Sie auf fünf Knospen über der zweiten Etage zurück. Im nächsten Jahr binden Sie zwei der entstandenen Jungtriebe flach in das Gerüst ein, den Mitteltrieb entfernen Sie.

Die Gerüsttriebe werden jährlich etwa um 60 cm entlang des Gerüsts verlängert. Ihre Seitentriebe bilden das Fruchtholz. Spalierfruchttriebe werden immer kurz gehalten. Durch einen regelmäßigen Sommerschnitt wird die Bildung von Langtrieben unterdrückt. Sind diesjährige Jungtriebe auf zehn Blätter angewachsen, kürzt man sie auf sechs Blätter ein. Die sich daraufhin bildenden Neuaustriebe kürzen Sie wiederum ein, wenn sie das Zehn-Blatt-Stadium erreicht haben. Meist reichen zwei Schnitte pro Sommer, bei sehr wüchsigen Spalieren sind drei nötig. Im folgenden Winter binden Sie die Gerüsttriebe in die vorgesehene Richtung an und kürzen den Zuwachs des letzten Jahres auf 60 cm ein. Danach schneiden Sie die verzweigten Fruchttriebe auf Zapfen mit vier Knospen zurück. Diesen Schnittrhythmus wiederholen Sie jährlich.

Dieser junge Birnenkordon, ein einarmiges Spalier, wurde schon in der Baumschule geformt. Der Gerüsttrieb ist gut erkennbar.

Scheinquitten (*Chaenomeles-*Arten), hier eine weiß blühende, eignen sich für kleine Spaliere und damit für »Anfänger«.

Bei älteren Spalieren dürfen Sie zur Anregung des Wachstums auch einmal vom Sommer- auf den Frühjahrsschnitt wechseln.

Ein gut erzogenes Birnenspalier kann sehr alt werden und trotzdem reichlich Früchte liefern, wenn jährlich geschnitten wird.

Vergreiste Obstgehölze verjüngen

Auch wenn Beerensträucher und Obstbäume jahrelang nicht geschnitten wurden und vergreist sind, kann man sie verjüngen.
Mit dem richtigen Schnitt können Beerensträucher wieder revitalisiert werden. Wurden sie lange vernachlässigt, besitzen sie kaum noch Jungtriebe. Die alten Triebe sind viel zu lang, hängen über und besitzen kein vitales Fruchtholz mehr. Die unteren Teile der Triebe sind verkahlt.

Beerensträucher verjüngen: Wichtig ist es, Triebe bodeneben zu entfernen.

Beerensträucher verjüngen

➤ Um den Austrieb neuer Bodentriebe anzuregen, schneiden Sie im ersten Jahr zunächst gleichmäßig verteilt die Hälfte aller Triebe bodeneben ab.

➤ Die verbleibenden alten Triebe schneiden Sie so weit auf einen tiefer wachsenden jüngeren Trieb zurück, dass die neue Fortsetzung schräg nach außen und oben weist.

➤ Anschließend verschlanken Sie den Trieb und entfernen Konkurrenztriebe. Lassen Sie im nächsten Jahr fünf neue, kräftige, gleichmäßig verteilte Triebe stehen und entfernen Sie alle restlichen Alttriebe. Ziel ist es, dass zehn Bodentriebe mit einem Alter von einem bis maximal fünf Jahren stehen bleiben.

➤ Zu weit vom Strauchzentrum entfernte Ausläufer reißen Sie aus. Eine Kompostgabe unterstützt den Neuaustrieb nach der Verjüngung.

Besen lenkt man auf nur einen, schräg nach oben wachsenden Jungtrieb um.

Baumobst verjüngen

Werden Rundkronen lange nicht geschnitten, verzweigen sich ihre Gerüstäste im oberen Bereich nach einigen Jahren besenartig und biegen sich nach unten. Die Folge: Es kommt kein Licht mehr ins Kroneninnere. Die Fruchttriebe hängen lang über – der Baum vergreist, und es bilden sich kaum noch Jungtriebe.

➤ Schauen Sie bei solchen Bäumen zuerst, ob das Gerüst noch zu erkennen ist. Wenn nicht, legen Sie es neu fest und entfernen alle Triebe, die zu den Gerüsttrieben in Konkurrenz stehen. Selbst wenn der Baum mehrere für das Gerüst geeignete Triebe besitzt, sollten Sie versuchen, bis auf drei alle zu entfernen.

➤ Oft haben sich parallel zum Mitteltrieb auf den Gerüstästen mächtige Steiltriebe gebildet. Dadurch vergreist der eigentliche Gerüstast mehr und mehr. Solche Konkurrenztriebe zur Mitte müssen Sie herausnehmen.

➤ Entfernen Sie nun alle weiteren steil in die Krone wachsenden Triebe und verschlanken zuletzt die Enden der Gerüstäste, indem Sie überhängende »Besen« auf einen weiter innen, steiler stehenden Jungtrieb umlenken, der die Wuchsrichtung des Gesamtasts fortsetzt.

➤ Zu lange Fruchtäste lenken Sie auf weiter innen stehende Triebe um. Sehr starke Fruchttriebe entfernen Sie zugunsten junger Triebe, die direkt dem Gerüst entspringen.

➤ Unter Umständen müssen Sie bei einem sehr vergreisten Baum bis zu ein Drittel der Krone entfernen. Vermeiden Sie aber Schnittstellen, die größer sind als der halbe Durchmesser des verbleibenden Astes. Sie trocknen stark ein und überwallen nicht.

➤ Wenn Sie so stark schneiden müssen, bilden sich in den nächsten zwei Jahren viele Neutriebe. Entfernen Sie davon etwa die Hälfte bis zwei Drittel, wenn möglich schon im Sommer. Schneiden Sie vor allem steil und nach innen wachsende Triebe heraus. Es verbleiben flach nach außen wachsende als zukünftiges Fruchtholz. Diese einjährigen Triebe dürfen Sie nicht einkürzen (→ Seite 8/9).

Bei extrem alten oder ungepflegten Bäumen ist es ratsam, den Verjüngungs- oder Korrekturschnitt auf zwei oder drei Jahre zu verteilen. ■

Ein vergreister Baum wird durch einen Verjüngungsschnitt revitalisiert.

PRAXISINFO

Blütenknospen erkennen

- ✗ Oft kann man Blüten- von Triebknospen kaum unterscheiden.
- ✗ Warten Sie deshalb mit dem Frühjahrsschnitt, bis die Gehölze blühen.
- ✗ Wenn die Gehölze in Blüte stehen, fällt Ihnen die Unterscheidung zwischen Blüten- und Triebknospen viel leichter.
- ✗ Achten Sie aber beim Schnitt darauf, dass Sie keine offenen Blüten abbrechen.

Falsche Schnitte korrigieren

Selbst wenn Sie über Jahre Ihre Obstgehölze falsch oder zu wenig geschnitten haben, können Sie sie korrigieren. Wenn Obstgehölze aus der Form geraten sind und kaum noch Früchte tragen, müssen Sie als erstes erkennen, welcher Fehler gemacht wurde. Daraus folgt, welche Maßnahmen nötig sind, um diese Folgen falscher Schnitte zu beheben. Bedenken Sie aber, dass Fehler, die über mehrere Jahre gemacht wurden, sich nicht in einem Jahr ausgleichen lassen (→ Checkliste).

Zu oft eingekürzt

Schneiden heißt für viele Hobbygärtner vor allem Einkürzen. Dieser Schnitt ist jedoch nicht geeignet, ertragreiche Bäume zu erhalten. Einkürzen dient einzig und allein dazu, die Gerüsttriebe in der Jugendphase zu kräftigen. Werden jedoch einjährige Triebe Jahr für Jahr eingekürzt, wird das Wachstum immens angeregt. Im Laufe der Zeit bilden sich ganze Quirle von Jungtrieben, bis hin zu dichten Besen. Das Innere des Gehölzes bekommt nicht mehr genug Licht, die Gehölze verkahlen und tragen nur noch wenige, minderwertige Früchte.

1 Viele Gerüsttriebe

Zu viele gleichrangige Gerüsttriebe lassen kein Licht ins Kroneninnere. Wählen Sie drei bis vier Triebe aus und entfernen Sie überzählige.

2 Konkurrenztriebe

Konkurrenztriebe zum Mitteltrieb lassen den unteren Kronenbereich verkahlen. Um das Gerüst zu erhalten müssen sie entfernt werden.

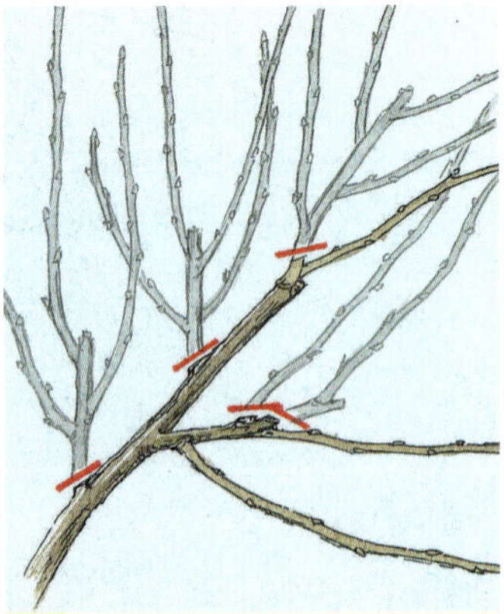

3 »Köpfe« korrigieren

Entstandene Köpfe entfernt man fast vollständig; ein ungekürzter Trieb bildet die neue Fortsetzung. Dieser wird zum Schluss verschlankt.

Stetiges Einkürzen regt das Wachstum unnötig an – auf Kosten des Ertrags.

➤ Entfernen Sie als erstes die Besen, indem Sie sie auf einen nach außen wachsenden Seitentrieb umlenken. Er muss mindestens zweijährig sein und Blütenknospen tragen.

➤ Schwächere, weiter innen wachsende Triebe lassen Sie und kürzen diese nicht ein.

➤ An den Schnittstellen treiben im folgenden Frühjahr Steiltriebe aus. Entfernen Sie diese vollständig.

➤ Flach wachsende Triebe, die genug Platz haben, dienen als junge Fruchttriebe. Nach drei bis vier Jahren beruhigt sich das Wachstum schließlich, und es kann wieder – je nach Obstart – ganz normal geschnitten werden.

Zu viele Gerüsttriebe

Wird beim Pflanzschnitt die Zahl der seitlichen Gerüsttriebe nicht rigoros auf drei reduziert, bleiben zu viele kräftige Seitenäste stehen.

➤ Wählen Sie drei gleichmäßig verteilte, im Winkel von 45–60° zur Mitte wachsende Seitentriebe aus und entfernen Sie alle anderen.

➤ Damit sie im idealen Winkel stehen, binden Sie zu flache Gerüsttriebe hoch, zu steile spreizen Sie ab (→ Seite 15).

➤ Schlitzäste lassen sich nicht spreizen. Sie werden entfernt (→ Seite 8/9).

➤ Entfernen Sie auch Konkurrenztriebe und Steiltriebe.

➤ Letztlich bleiben neben den Gerüsttrieben nur flache Fruchttriebe stehen, die man nicht einkürzt. Erreicht ein Fruchttrieb die halbe Dicke des Gerüsttriebs und sind genug schwächere Ersatztriebe am Gerüst, wird er nahe am Gerüsttrieb entfernt.

Mehrere Mitteltriebe

Der Mitteltrieb, auch Stammverlängerung genannt, ist elementarer Bestandteil des Gerüsts und verbleibt zeitlebens im Baum. Werden steil wachsende Triebe nach einigen Jahren fast so dick wie der Mitteltrieb, machen sich diese Triebe Konkurrenz. Die unteren Kronenbereiche verkahlen, weil ihnen Licht fehlt. Der Baum wächst übermäßig in die Höhe statt in die Breite.

➤ Entfernen Sie alle Konkurrenztriebe der alten Stammverlängerung.

➤ In den Folgejahren entstehende Steiltriebe entfernen Sie, flach wachsende lassen Sie zur Fruchtholzbildung stehen. Diese Jungtriebe fördern zugleich den Wundverschluss (→ Seite 12/13). ■

CHECKLISTE

Korrektur-Schnitt

- ✔ Verteilen Sie die Schnitte bei einer massiven Korrektur auf zwei bis drei Jahre.
- ✔ Entfernen Sie die Hälfte der im ersten Jahr nach der Korrektur entstandenen Jungtriebe. Schneiden Sie vor allem steile Triebe aus. Bei Bedarf nochmals starke Äste entfernen.
- ✔ Lichten Sie im zweiten Jahr entstandene Jungtriebe wiederum aus. Bei Bedarf Korrektur zu Ende führen.
- ✔ Gehen Sie nach drei bis vier Jahren auf den regulären Erhaltungsschnitt über (→ Seite 18/19).

Apfel und Birne

Apfel und Birne bilden an einjährigen Langtrieben keine Blüten aus.
Das ergiebigste Fruchtholz besitzen Apfel- und Birnbäume an den kleinen Seitenspießen zweijähriger Langtriebe. Ab dem dritten Jahr beginnt die Vitalität nachzu-

Blütenknospen am zweijährigen Holz bringen im dritten Jahr Früchte.

lassen, obwohl sich nach wie vor viele neue Blütenknospen bilden. In den Folgejahren setzt sich dieser Prozess fort. Das Fruchtholz vergreist, hängt zur Erde und muss ersetzt werden. Dies geschieht durch Umlenken auf einen weiter innen wachsenden jüngeren Trieb, der seinerseits schon Blütenknospen angesetzt hat.

Rundkrone erziehen

➤ Um eine Rundkrone (→ Seite 16) mit vier Gerüstästen aufzubauen, werden die Gerüstäste in den ersten sechs bis acht Jahren jährlich eingekürzt.

➤ Die drei Seitengerüsttriebe sollten in einem Winkel von 45–60° zum Mitteltrieb stehen.

➤ Um eine gleichmäßige Versorgung aller Triebe zu erreichen, kürzen Sie die Seitengerüsttriebe auf eine Höhe ein. Starke Triebe schneiden Sie um ein Drittel, schwache um die Hälfte zurück. Beginnen Sie mit dem schwächsten Trieb, er liefert die Vorlage für den weiteren Schnitt. Die obersten Knospen weisen jeweils nach außen. Dadurch fördern Sie eine breite Krone, in die viel Licht fällt.

➤ Den Mitteltrieb kürzen Sie so ein, dass er einen Winkel von 90–120° zu den übrigen Gerüsttrieben bildet.

Nach diesen Grundregeln schneiden Sie Apfel- und Birnbäume auch in den kommenden Jahren. Entfernen Sie Konkurrenztriebe zu den Gerüsttrieben sowie steile oder nach innen wachsende Triebe. Vor allem Birnen neigen dazu, steile Triebe zu bilden, die nach einigen Jahren den Gerüstästen alle Energie abzapfen. Sie erkennen solche Triebe daran, dass sie von der Basis beginnend steil wachsen. Andere Triebe, die flach aus der Basis kommen und erst dann senkrecht weiter wachsen, sind nicht gefährlich, da sie sich später unter der Fruchtlast absenken.

Rundkrone erhalten

Wenn das Fruchtholz nach drei bis fünf Jahren vergreist, entfernen Sie überhängende Triebe zugunsten jüngerer Triebe, die bereits Blütenknospen tragen. Dicke Fruchttriebe (→ Seite 26/27) entfernen Sie nahe am Gerüst. Apfel und Birne treiben häufig Jungtriebe direkt aus dem

1 Dreijährige Krone

Die Erziehung eines klar strukturierten Gerüsts ist die Grundlage für eine gut belichtete, stabile Krone. Noch werden die Gerüsttriebe eingekürzt.

2 Apfelspindel

Bei einer Spindel entfernt man steile Triebe, um eine schlanke Baumspitze zu erhalten. Sehr dicke Fruchttriebe werden nahe am Stamm entfernt.

alten Holz. Diese eignen sich zur Erneuerung des Fruchtholzes; sie werden weder entfernt noch eingekürzt.

Spindelbaum

Das Gerüst eines Spindelbaums besteht lediglich aus dem Mitteltrieb, alle Seitentriebe sind Fruchttriebe (→ Seite 16/17).

➤ Der ideale Jungbaum besitzt beim Kauf vier bis sieben gleichmäßig verteilte, flache Seitentriebe und hat eine Stammhöhe von etwa 60 cm. Die Seitentriebe werden nicht eingekürzt. Der Mitteltrieb sollte, ausgehend vom obersten Seitentrieb, nicht länger als 50–60 cm sein. Ansonsten wird er eingekürzt. Dies führt jedoch zu einem starken Neuaustrieb. Entfernen Sie alle starken Triebe nahe dieser Schnittstelle, mit Ausnahme der Mitteltriebverlängerung.

➤ Der Erhaltungsschnitt beschränkt sich darauf, den Mitteltrieb zu verschlanken und steile Triebe zu entfernen.

➤ Sehr lange oder überhängende Fruchttriebe lenken Sie auf flache und weiter innen wachsende, mindestens zweijährige Jungtriebe um. Überschreitet der Durchmesser eines Fruchttriebs den halben Durchmesser des Mitteltriebs, wird er auf einen 5 cm kurzen Zapfen am Mitteltrieb zurückgesetzt. Der Zapfen regt den Austrieb von neuen Trieben an dieser Stelle des Gerüsts an. Nach einem Jahr wird er endgültig entfernt.

➤ Oft bilden sich im oberen Bereich der Spindel in Konkurrenz zur Mitte starke Triebe, die alle Kraft an sich ziehen. Entfernen Sie bis auf einen mit Blütenknospen besetzten Spitzentrieb alle starken Triebe. Senkt sich dieser unter der Fruchtlast ab, wird er erneut gegen einen steil stehenden, mindestens zweijährigen Trieb ausgetauscht. ■

PRAXISINFO

Grenzabstände

Die Nachbarschaftsrechtsgesetze (NRG) der Bundesländer regeln den Grenzabstand von Gehölzen zur Grundstücksgrenze. Erlaubte Abstände sind teils mit Höhenbeschränkungen verknüpft.

✗ Bei Obstbäumen wie z. B. Äpfeln und Birnen ist nicht die durch den Schnitt erreichte Höhe maßgebend, sondern die Unterlage, da sie die Wuchshöhe vorgibt (→ Seite 6/7).

✗ Erkundigen Sie sich vor dem Pflanzen bei Ihrer Gemeinde, welche Grenzabstände gelten.

Pflaume, Zwetschge & Co.

Pflaume, Zwetschge, Mirabelle und Reineclaude besitzen das ergiebigste Fruchtholz an zwei- bis dreijährigen Trieben.

Bei diesen Obstsorten tragen die einjährigen Langtriebe nur bei wenigen, neueren Sorten Blütenknospen. Kurztriebe sind dagegen oft mit Blütenknospen besetzt. Nach vier bis fünf Jahren vergreisen die einzelnen Fruchttriebe. Ein regelmäßiger Schnitt sorgt dafür, dass sich ständig neues Fruchtholz bildet.

Zwetschgenbäume baut man mit bis zu vier Seitengerüsttrieben auf.

Rundkrone erziehen

Der Gerüstaufbau ist bei Zwetschge und ihren Verwandten ähnlich wie bei Apfel und Birne. Zusätzlich zum Mitteltrieb kann man aber bis zu vier Seitenäste als Gerüst stehen lassen, da die Fruchttriebe durch den intensiveren Erhaltungsschnitt kürzer gehalten werden.

➤ Die Gerüsttriebe werden in den ersten sieben Jahren im Frühjahr eingekürzt. Die Seitenäste stehen im selben Winkel zum Mitteltrieb wie beim Apfel (→ Seite 28/29).

➤ Zwetschge und Co. bilden oft steile Konkurrenztriebe zum Mitteltrieb in Form von Schlitzästen (→ Seite 8/9). Sie werden sofort entfernt.

➤ Den Erhaltungs- und Verjüngungsschnitt führen Sie immer im Sommer durch (→ Seite 20/21).

➤ Da Zwetschge & Co. empfindlich auf große Schnittwunden reagieren, dürfen nur kleinere Äste geschnitten werden. Um große Schnittstellen zu vermeiden, reduziert man sehr dicke Triebe auf einen 10 cm langen Zapfen. Hat sich der Haupttrieb nach zwei bis drei Jahren ausreichend verdickt, können Sie den Zapfen entfernen.

➤ Zwetschge und vor allem Reineclaude verkahlen gerne von innen her. Überhängende, stark verzweigte Fruchttriebe schneiden Sie deshalb jährlich auf einen zweijährigen Fruchttrieb zurück. Stehen mehrere Jungtriebe zur Auswahl, wählen Sie einen nach außen wachsenden und entfernen alle übrigen. Damit verschlanken Sie den Gesamttrieb und sorgen zugleich für neues Wachstum in den kommenden Jahren.

Spindeln formen

Die Spindelerziehung ist bei der Zwetschgenfamilie nicht ganz einfach. Die verfügbaren Unterlagen wachsen so stark, dass die Bäume mehr als 3 m hoch werden können.

➤ Zu frühes Umlenken des Mitteltriebs erzeugt einen zu

1 **Fruchtholz**

Das beste Fruchtholz finden Sie bei Zwetschge und Co. an zwei- bis dreijährigen Trieben. Die Blütenknospen sind kurz vor der Blüte gut erkennbar.

2 **Erhaltungsschnitt**

Der regelmäßige Schnitt regt das Fruchtholz bei Zwetschgen zu neuem Wachstum an. Steiltriebe werden immer entfernt, große Wunden vermieden.

3 **Verjüngungsschnitt**

Vermeiden Sie große Schnittstellen: Schneiden Sie auf Zapfen, die Sie zwei Jahre später entfernen. Dies ist für den Baum verträglicher.

starken Wuchs an der Spitze. Verschlanken Sie deshalb die ersten drei bis vier Jahre im Frühjahr den Mitteltrieb, bis er nur noch flache, mit Blütenknospen besetzte Seitentriebe bildet. Erst in etwa 2,5 m Höhe lenken Sie den Mitteltrieb auf einen Seitentrieb um. Steile Jungtriebe reduzieren Sie bereits im Sommer auf 2 cm kurze Zapfen.

➤ Überhängende Fruchttriebe werden regelmäßig auf weiter innen wachsende, flache, zweijährige Jungtriebe umgelenkt.

➤ Bei älteren Bäumen lenken Sie überhängende Baumspitzen alle drei Jahre um.

➤ Wählen Sie als neue Baumspitze einen mit Blütenknospen besetzten, aufrecht stehenden Jungtrieb.

➤ Auch seitliche Fruchttriebe lenken Sie um. Die jungen Ersatztriebe sollten flach sein, aber leicht nach oben weisen.

➤ Starke Fruchttriebe, die von innen her schon kahl sind, entfernen Sie im Sommer auf einen 10 cm langen Zapfen. Im günstigen Fall bilden sich daran Neutriebe, die Sie verschlanken und wie Fruchttriebe pflegen. Entstehen Neutriebe direkt aus dem Gerüst, trocknet der Zapfen ein. Er wird im folgenden Sommer entfernt. ■

PRAXISINFO

Vorsicht: Pilzbefall!

- ✗ Größere Schnitte trocknen bei Zwetschge & Co. oft ins alte Holz zurück.
- ✗ Über diese Stellen können Pilzsporen eindringen. Nach ein bis zwei Jahren wird der Pilzbefall durch Baumschwämme sichtbar. Der Pilz hat aber inzwischen das Bauminnere besiedelt und lässt sich nicht mehr ausrotten.
- ✗ Vermeiden Sie deshalb unbedingt Wunden über 5 cm Durchmesser. Achten Sie auf glatte Wundränder und schneiden Sie bevorzugt im Sommer bis Mitte September.

Süßkirsche und Quitte

Süßkirsche und Quitte tragen die hochwertigsten Blüten vor allem an zweijährigen Trieben.
Süßkirsche und Quitte unterscheiden sich in einem Punkt: Das Fruchtholz der Süßkirsche bleibt lange vital, d.h. auch ältere und kurze Triebe tragen noch hochwertige Früchte. Bei der Quitte vergreist das Fruchtholz dagegen spätestens nach fünf Jahren.

Süßkirsche

Das Gerüst der Süßkirsche besteht aus dem Mitteltrieb und drei seitlichen Gerüsttrieben.

➤ Die Gerüsttriebe werden in den ersten vier bis fünf Jahren im Frühjahr eingekürzt. Anschließend beschränkt sich der Schnitt am Gerüst auf das Verschlanken (→ Seite 9) der Triebspitzen.

➤ Süßkirschen bilden gerne Quirle: Direkt unterhalb des Austriebs der Triebspitzenknospe entwickeln sich auf gleicher Höhe vier bis sieben Seitentriebe, die Sie alle entfernen. Eine gut geschnittene Süßkirschenkrone kann geradezu »leer« wirken. Betrachten Sie den Baum im folgenden Sommer, werden Sie erkennen, dass die Krone locker ist und das Licht bis in die Innenbereiche des Baums

1 Kirsche 4-jährig

Nach etwa vier Jahren kürzt man die Gerüsttriebe nicht mehr ein. Entstehen Quirle an den Triebenden, entfernen Sie bis auf eine Fortsetzung alle.

2 Kirsche verjüngen

Verjüngungsschnitte bei Süßkirschen sollte man unbedingt im Sommer ausführen. Vermeiden Sie dabei jedoch Schnitte direkt am Gerüst.

3 Quitte auslichten

Der Erhaltungsschnitt bei der Quitte beschränkt sich auf die Pflege einer lockeren Krone und regelmäßiges Auslichten des Fruchtholzes.

Apfelquitten schmecken intensiver als Birnenquitten, sind aber leider härter.

gelangt. Dadurch bleibt auch das im Inneren der Krone liegende Fruchtholz vital.

➤ Ist der Gerüstaufbau abgeschlossen, schneiden Sie Süßkirschen nur noch im Sommer.

➤ Dabei entfernen Sie steile oder konkurrierende Triebe vollständig. Überhängende Triebe lenken Sie auf jüngere Triebe um.

➤ Muss ein dicker Trieb entfernt werden, lenken Sie ihn nahe am Gerüst auf einen Seitentrieb um. So vermeiden Sie große Wunden am Gerüst. Der Erhaltungsschnitt wird bei ausgewachsenen Süßkirschen etwa alle drei Jahre durchgeführt.

Kirschenspindel

Auch hier gelten die Grundregeln für Spindeln (→ Seiten 17 und 29). Achten Sie bei Kirschenspindeln vor allem darauf, dass sie nach oben schlank zulaufen. Steile Jungtriebe und sehr starke ältere Fruchttriebe kürzen Sie im Frühsommer auf 10 cm lange Zapfen ein. Diese bilden noch im selben Sommer kleine Triebe und Blütenknospen.

Quitte

Die Quitte wird meist als Rundkrone erzogen, der Erziehungsschnitt gleicht dem des Apfels. Obwohl Birnenquitten etwas stärker wachsen als Apfelquitten, unterscheidet sich der Schnitt nicht.

Quitten neigen dazu, »unordentlich« zu wachsen. Wenn Sie z. B. die seitlichen Gerüsttriebe eines jungen Baums auf nach außen weisende Knospen einkürzen, kann es sein, dass diese nicht austreiben. Dafür treiben weiter innen liegende Knospen aus, die noch dazu ins Bauminnere wachsen. In diesem Fall lenken Sie den gesamten Ast auf einen nach außen wachsenden Trieb um. Versuchen Sie trotz des eigenwilligen Wachstums, ein lockeres Gerüst und eine gleichmäßige Krone zu erziehen. Ist der Baum ausgewachsen, bilden sich teilweise Besen, und die Gerüstäste senken sich unter dem Gewicht ab. Lenken Sie solche Besen auf weiter innen wachsende, jüngere Triebe um und verschlanken Sie diese anschließend. Achten Sie bei Quitten besonders darauf, dass überalterte, verzweigte Fruchttriebe entfernt und durch ein- oder zweijährige Jungtriebe ab 15 cm Länge ersetzt werden. ■

PRAXISINFO

Schnitt als Pflanzenschutz

- ✗ Quitten sind gegenüber der Bakterienkrankheit Feuerbrand hoch anfällig.
- ✗ Im Frühsommer trocknen Triebspitzen ein, die verdorrten Blätter bleiben am Trieb haften und sehen wie verbrannt aus.
- ✗ Damit sich die Krankheit in der Pflanze nicht weiter ausbreitet, müssen Sie vertrocknete Triebe sofort bis zu 10 cm in das gesunde Holz zurückschneiden. Ohne diesen Schnitt sterben ganze Gerüsttriebe oder sogar der gesamte Baum ab.

Pfirsich, Aprikose und Sauerkirsche

Pfirsich und Sauerkirsche tragen nur an einjährigen, 20–40 cm langen Langtrieben reichlich Früchte. Die Aprikose fruchtet am besten an einjährigen Kurztrieben mit bis zu 15 cm Länge.
Weil all diese drei Obstarten ohne Schnitt schon nach kurzer Zeit vergreisen und verkahlen, benötigen sie jährlich einen starken Schnitt, um ständig neues Fruchtholz zu bilden. Den Erziehungsschnitt führt man zur besseren Wachstumsanregung im späten Frühjahr durch, den Erhaltungsschnitt im Sommer, weil er dann verträglicher ist. Die Aprikose schneidet man erst nach dem Austrieb (→ Seite 10/11).

Beim Pfirsich wird die Hälfte der einjährigen Triebe entfernt.

Pfirsich und Nektarine

Beim Pfirsich besitzen die kurzen, auch »falsche« Fruchttriebe genannten Triebe auf ganzer Länge runde Blütenknospen und am Ende eine spitze Blattknospe. So genannte »wahre« Fruchttriebe tragen dagegen an jedem Knospenansatz zwischen zwei Blütenknospen eine Blattknospe. Diese Blattknospe ernährt die wachsenden Früchte.
Die Krone wird aus vier Seitengerüsttrieben erzogen, der Mitteltrieb wird komplett entfernt. Diese »Hohlkrone« ermöglicht einen optimalen Lichteinfall (→ Praxisinfo).

➤ Beim Pflanzschnitt werden die Seitengerüsttriebe um ein Drittel eingekürzt, die oberste Knospe weist nach außen und muss eine Blattknospe sein.

➤ Die ersten vier Jahre verlängert man die Gerüsttriebe jährlich um 50 cm. Falsche oder mehrjährige Fruchttriebe und starke, ins Kroneninnere ragende Triebe schneiden Sie auf einen 2 cm kurzen Zapfen zurück. Wahre Fruchttriebe kürzen Sie nicht ein. Pro 10 cm Gerüsttrieblänge bleiben drei wahre Fruchttriebe stehen. Entfernen Sie jährlich bis zu zwei Drittel der einjährigen Triebe.

Sauerkirsche

Sauerkirschen erzieht man als Rundkrone mit einem Mitteltrieb und vier Seitentrieben.

➤ Die Gerüsttriebverlängerungen kürzen Sie in den ersten fünf Jahren je um die Hälfte ein. Ziel des Erhaltungsschnitts ist es, jährlich Jungtriebe nahe am Gerüst zu produzieren, damit die Krone nicht verkahlt.

➤ Schneiden Sie zuerst Steil- und Konkurrenztriebe heraus. Ältere, überzählige sowie kurze Fruchttriebe entfernen Sie bis auf kleine Zapfen von 2 cm Länge nahe am Gerüst. Pro 10 cm Gerüst-

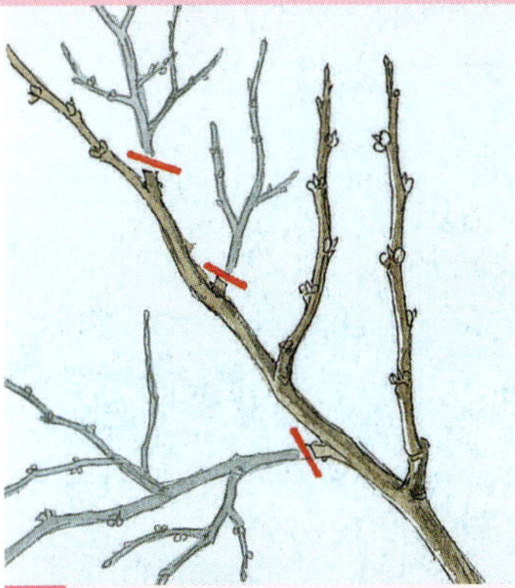

1 Pfirsich

Wahre Fruchttriebe besitzen neben Blüten- immer auch Blattknospen. Kürzere Triebe, die nur Blütenknospen tragen, entfernt man auf kleine Zapfen.

2 Sauerkirsche

Die Sauerkirsche bildet das beste Fruchtholz an Langtrieben über 20 cm. Alte Triebe entfernen Sie immer auf kleine Zapfen.

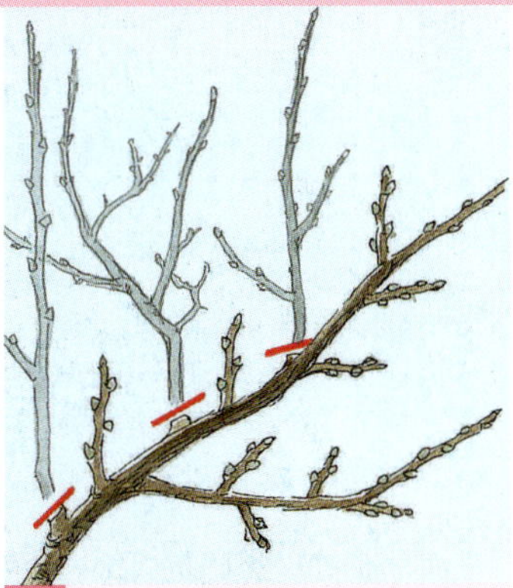

3 Aprikose

Bei Aprikose sollten Sie einjährige Kurztriebe fördern, diese tragen die Blütenknospen. Schneiden Sie ausschließlich im Sommer.

trieblänge lassen Sie drei 20–30 cm lange einjährige Triebe stehen.

➤ Überhängende Triebe an älteren Bäumen schneiden Sie im Sommer auf weiter innen wachsende Jungtriebe zurück. Haben Triebe lange, kahle Stellen, schneiden Sie sie bis auf 2 cm lange Zapfen am Gerüst zurück. Das fördert den Neuaustrieb. Trocknet der Zapfen schließlich ein, wird er entfernt.

Aprikose

Meist werden Aprikosen als Spalier an einer Wand erzogen (→ Seite 22/23). Soll eine Rundkrone entstehen, wird sie wie beim Pfirsich erzogen. Aprikosen neigen dazu, immer wieder steile, lange Triebe aus dem Gerüst zu treiben.

➤ Kürzen Sie diese Ende Juni auf 10 cm lange Zapfen ein; sie setzen dann noch Blütenknospen an. Den neuen Zuwachs der Gerüsttriebspitzen kürzen Sie im Sommer auf 50 cm ein; Konkurrenztriebe werden gleich mit entfernt.

➤ Die Fruchttriebe lenken Sie auf kurze einjährige Triebe von bis zu 15 cm Länge um. Überzählige Fruchttriebe entfernt man bis auf kleine Zapfen. Pro 10 cm Gerüsttrieblänge lassen Sie vier Fruchttriebe stehen. ■

PRAXISINFO

Was sind Hohlkronen?

- ✗ Hohlkronen bestehen aus vier seitlichen Gerüsttrieben. Der Mitteltrieb wird gleich nach der Pflanzung oberhalb des letzten Gerüsttriebs entfernt.
- ✗ Die Hohlkrone dient bei wärmebedürftigen Obstarten wie Pfirsich, Nektarine oder Aprikose dazu, viel Licht in das Kroneninnere zu bringen.
- ✗ Bilden sich wegen des hohen Saftdrucks in der Mitte starke Triebe über dem Stammansatz, müssen sie noch im selben Sommer entfernt werden.

Weinrebe und Kiwi

Bei Weinreben und Kiwis sitzen die Blütenanlagen an den einjährigen Trieben. Die Blüten sind im unteren Triebbereich des Zuwachses. Obwohl diese beiden Kletterpflanzen starke Gerüsttriebe bilden, können sie ihr Gewicht nicht allein tragen und

Mit regelmäßigem Schnitt werden Weinreben Jahrzehnte alt.

benötigen eine Kletterhilfe. Ein solches Gerüst kann aus Metall, Draht oder Holz bestehen und an einer Wand oder frei stehend konstruiert werden.

Um die Übersicht zu wahren und ein Vergreisen zu verhindern, ist sowohl ein jährlicher Frühjahrs- als auch Sommerschnitt Voraussetzung für die Kultur von Weinrebe und Kiwi. Vor allem bei der Kiwi können sich die Triebe schon im Laufe eines Sommers zu einem undurchschaubaren Gewirr verschlingen.

Weinrebe

Erziehen Sie Ihre Weinreben als Spalier mit einer oder mehreren Etagen. Reben lassen sich problemlos mit bis zu 10 m langen Gerüsttrieben erziehen.

➤ Leiten Sie jeweils einen Gerüsttrieb entlang jeder Etagenseite.

➤ Kürzen Sie die Fortsetzungen der Gerüsttriebe jedes Jahr auf sieben Knospen ein, bis die gewünschte Endlänge erreicht ist.

➤ Am Gerüst entstehen Fruchttriebe, die Sie, wenn sie einjährig sind – also im folgenden Frühjahr –, auf zwei Knospen reduzieren. Aus diesen beiden Knospen gehen zwei fruchtende Triebe hervor, die im unteren Bereich Früchte tragen. Mitte bis Ende Juli schneiden Sie diese Triebe vier Blätter über der obersten Traube ab. Nachfolgende Austriebe brechen Sie aus.

➤ Im Frühjahr danach entfernen Sie den oberen der beiden Fruchttriebe vollständig, den näher am Gerüsttrieb stehenden kürzen Sie wiederum auf zwei Knospen ein. So stellen Sie sicher, dass auch nach Jahren nur zwei Fruchttriebe pro Ansatzstelle wachsen – die Garantie für schmackhafte, große Trauben.

Kiwi

Die nachfolgenden Schnittprinzipien gelten sowohl für groß- als auch für kleinfrüchtige Kiwis. Im Prinzip erzieht man Kiwis ähnlich wie die Weinrebe. Da sie aber frostempfindlicher sind, erhalten sie kein so großes Gerüst wie die Rebe.

➤ Das Gerüst besteht bei einer Kiwipflanze aus einem senkrechten Mitteltrieb, von dem die waagerechten Seitengerüsttriebe abzweigen.

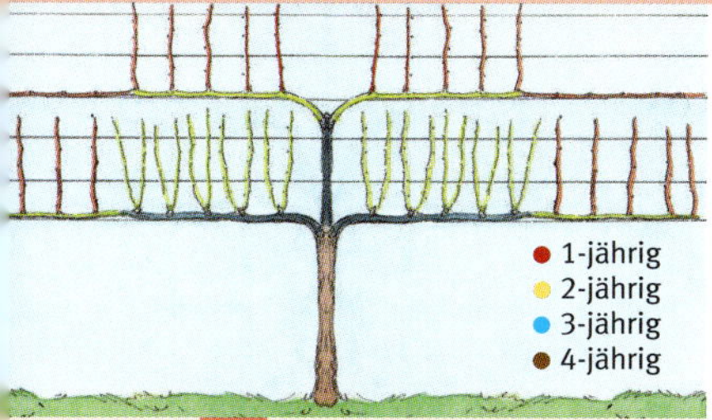

1 Rebspalier
Ein Rebspalier braucht ein klares Gerüst, das Jahr für Jahr verlängert wird. Daraus wachsen die Fruchttriebe.

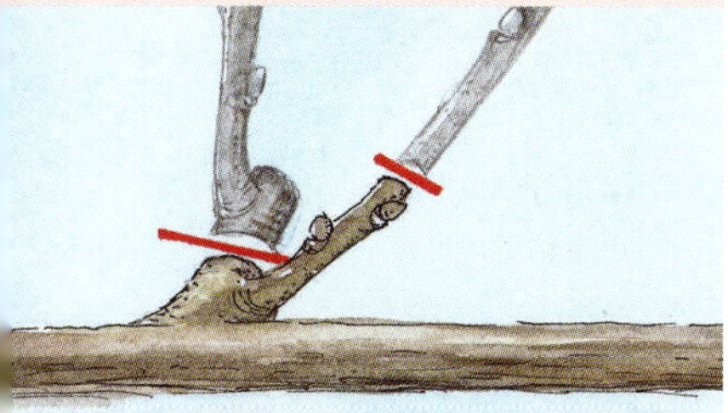

2 Fruchtholz-Rebe
Von den beiden abgetragenen Trieben wird der obere entfernt, der untere auf zwei Knospen eingekürzt.

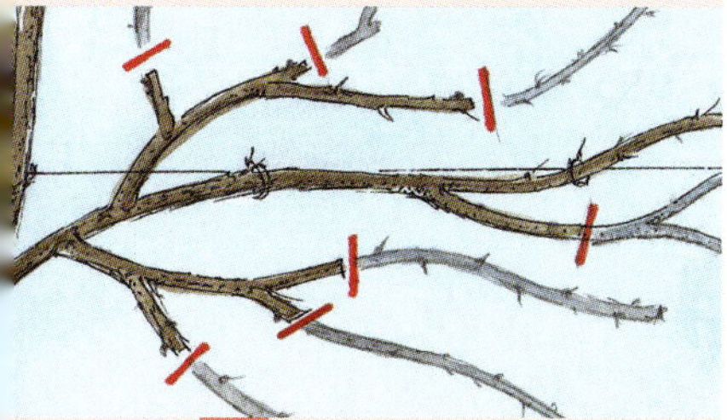

3 Kiwi einkürzen
Fruchttriebe werden im späten Frühjahr stets auf 5 cm lange Zapfen eingekürzt.

➤ Verlängern Sie diese Gerüsttriebe jedes Jahr um höchstens 1 m. So ist gewährleistet, dass auf ganzer Länge Knospen austreiben.

➤ Aus den Knospen entspringen die Fruchttriebe. Die Blütenanlagen wurden bereits im Vorjahr gebildet. Die Blüten erscheinen nun im unteren Bereich entlang der diesjährigen Austriebe. Diese fruchtenden Triebe kürzen Sie während des Sommers auf 1 m ein. Entstehen unterhalb der Schnittstellen Neutriebe, werden sie vollständig herausgenommen. Dadurch bleibt der Aufbau der Pflanze überschaubar.

➤ Im folgenden Frühjahr schneiden Sie die abgetragenen Fruchttriebe auf 5 cm kurze Zapfen zurück. Bilden sich im Laufe der Jahre starke Fruchttriebverzweigungen, dürfen Sie diese stehen lassen. Der Schnitt der Kiwi ist weniger streng als bei der Weinrebe. Lässt nach sechs bis acht Jahren die Vitalität einer Kiwi merklich nach, lenken Sie ältere Fruchttriebe nahe am Seitengerüsttrieb auf einen jüngeren Trieb um und kürzen diesen auf 5 cm ein.

➤ Vergreist ein ganzer Seitengerüsttrieb, lenken Sie diesen auf einen nahe dem Mitteltrieb wachsenden Jungtrieb um, den Sie anschließend auf 1 m einkürzen und flach anbinden.

➤ Schneiden Sie Kiwis erst spät im Frühjahr. Die Pflanze blutet anschließend zwar recht stark, wird aber zu diesem Zeitpunkt weniger von Frost geschädigt.

➤ Berücksichtigen Sie, dass es bei Kiwi männliche und weibliche Pflanzen gibt (→ Seiten 50 und 56). ■

PRAXISINFO

Kiwi oder Weiki?

✗ Als »Kiwi« bezeichnet man großfrüchtige Kiwi (*Actinidia deliciosa*) mit behaarter Schale. Sie sind nur in Zonen mit Weinbauklima zuverlässig winterhart. In kühleren Lagen benötigen sie die Wärme einer Hauswand. Zum Schutz vor der Wintersonne ist Tannenreisig notwendig.

✗ »Weiki« ist ein Sortenname für eine kleinfrüchtige Kiwi (*Actinidia arguta*). Die Früchte besitzen eine glatte Schale, die man mitessen kann. Weikis sind frosthärter als großfrüchtige Kiwis.

Johannisbeere und Stachelbeere

Diese Obstarten bilden regelmäßig neue Triebe aus dem Boden. Etwa zehn bis zwölf solcher Triebe dienen als Gerüst; an ihnen entwickeln sich die Fruchttriebe.

Rote Johannisbeere und Stachelbeere tragen vor allem an einjährigen, bis zu 20 cm langen Seitentrieben, die von zweijährigen Langtrieben abgehen. Schwarze Johannisbeere und Jostabeere fruchten an einjährigen, über 20 cm langen Langtrieben.

Lassen Sie Bodentriebe unterschiedlichen Alters im Strauch stehen; der einzelne Trieb darf höchstens fünf Jahre alt werden. Ersetzen Sie deswegen jedes Jahr zwei alte Bodentriebe durch zwei kräftige neue, die gleichmäßig im Strauch verteilt stehen. Alle weiteren Neutriebe werden vollständig entfernt.

Rote Johannisbeere

Das Ziel des Schnitts ist (→ Abb. 1), neben der Gerüstpflege, einjährige, 10–15 cm lange Fruchttriebe zu fördern. Je 10 cm Gerüsttrieblänge lassen Sie einen einjährigen Seitentrieb stehen; er liefert im kommenden Sommer Blüten und Früchte. Diesen kürzen Sie nie ein! Überzählige und ältere Seitentriebe reduzieren Sie auf

1 Rote Johannisbeere

Bei Roter Johannisbeere werden die Triebspitzen umgelenkt und verschlankt. Kürzen Sie auch überzählige Fruchttriebe auf Zapfen ein.

2 Jostabeere

Jostabeere und Schwarze Johannisbeere werden stärker als Rote Johannisbeere geschnitten und so einjährige Langtriebe gefördert.

3 Hochstämmchen

Vermeiden Sie bei Hochstämmchen durch jährlichen Schnitt große Wunden am Gerüst. Regelmäßiges Umlenken hält die Krone kompakt.

Hochstämmchen nehmen wenig Platz im Garten ein, werden aber nicht sehr alt.

2 cm lange Zapfen. Aus diesen wachsen Fruchttriebe für das nächste Jahr. Bilden die Gerüsttriebe im oberen Bereich Besen, lenken Sie diese auf einen tiefer stehenden, einjährigen Seitentrieb um. Bei Bedarf wird er verschlankt.

Stachelbeere

Erziehung und Schnitt der Stachelbeere erfolgen wie bei der Roten Johannisbeere. Stachelbeeren wachsen aber deutlich schwächer. Die Gerüsttriebe liegen oft unter der Last der Früchte am Boden auf. Deshalb verwendet man nur die kräftigsten einjährigen Bodentriebe als Ersatz für ältere. An den Gerüsttrieben entwickeln sich oft mehr Seitentriebe als bei der Roten Johannisbeere. Lichten Sie diese entsprechend stärker auf kleine Zapfen aus. Überlange oder instabile Gerüsttriebe lenken Sie auf tiefer wachsende Seitentriebe um.

Schwarze Johannisbeere und Jostabeere

Bei diesen Arten werden einjährige Langtriebe über 20 cm Länge gefördert (→ Abb. 2). Sie werden nicht eingekürzt. Lassen Sie von den Neutrieben aus dem Boden nur die zwei kräftigsten stehen. Alle anderen sowie die zwei ältesten Gerüsttriebe entfernen Sie. Einjährige Kurztriebe reduziert man auf Zapfen. Lenken Sie Gerüsttriebe regelmäßig auf tiefer wachsende junge Seitentriebe um.

Drahtspalier

Erzieht man Beerenobst als Spalier, bindet man drei Gerüsttriebe an einem Drahtrahmen fest. Die jährlichen Verlängerungen kürzen Sie nicht, sondern verschlanken sie. Überragen sie den Drahtrahmen, werden sie umgelenkt (→ Seite 9). Gerüsttriebe werden auch hier erst nach fünf Jahren ersetzt.

Hochstämmchen

Diese sind auf Goldjohannisbeere (*Ribes aureum*) veredelt und benötigen einen bis in die Krone reichenden Stützpfahl, damit diese nicht unter der Fruchtlast bricht (→ Abb. 3). Das Gerüst besteht aus einem Mitteltrieb und vier 20–30 cm langen Seitengerüsttrieben. An ihnen entsteht das Fruchtholz, das wie die Strauchform geschnitten wird. Den Gerüsttrieb lenkt man jedes Jahr auf einen weiter innen wachsenden Jungtrieb um. ■

PRAXISINFO

Lebensdauer von Beerenobst-Hochstämmchen

- ✗ Da Beerenobst-Hochstämmchen in Kronenhöhe veredelt sind, lassen sich keine jungen Bodentriebe der Edelsorte nachziehen. Deshalb sind sie kurzlebiger als unveredelte Beerensträucher und werden nur sechs bis zehn Jahre alt.
- ✗ Die Wildtriebe aus dem Stamm werden im Sommer abgeschnitten, die aus der Erde können Sie einfach ausreißen.

Himbeere, Brombeere, Heidelbeere

Himbeere und Brombeere tragen an den Seitentrieben einjähriger Triebe Früchte, Heidelbeeren an den einjährigen Lang- und Kurztrieben. Himbeeren und Brombeeren treiben jedes Jahr unverzweigte Ruten aus dem Boden, die bei Brombeeren bis

Himbeeren liefern bis zu 4 kg Früchte pro Meter: Zehn Ruten reichen aus.

zu 5 m, bei Himbeeren bis zu 3 m lang werden. Herbsttragende Himbeeren fruchten bereits an diesjährigen Trieben. Himbeere und Brombeere benötigen ein Drahtgerüst, an dem die instabilen Triebe festgebunden werden. Die Heidelbeere wächst strauchartig. Ihre Triebe vergreisen nach zehn Jahren.

Himbeere

- Entfernen Sie schon im Sommer direkt nach der Ernte überzählige junge und abgetragene Ruten. Belassen Sie alle 10 cm einen kräftigen, ungekürzten Neutrieb und binden Sie ihn am Gerüst an.
- Vermeiden Sie Verletzungen oder Scheuerstellen an den Ruten, da sonst Krankheiten dort in das Holz eindringen können. Als Bindematerial eignen sich z. B. Weidenruten und mit Papier umwickelter Draht.
- Im folgenden Frühjahr kürzen Sie die einjährigen Ruten auf 1,8 m ein. Nach der Ernte werden sie bodeneben entfernt, und der Rhythmus beginnt von neuem.

Herbsttragende Himbeeren

Damit herbsttragende Himbeeren stabil wachsen, reicht es, wenn Sie die Ruten durch ein etwa 1,2 m hohes, waagerecht gespanntes Drahtgitter hindurch wachsen lassen. Anbinden ist nicht nötig. Die Ruten würden im nächsten Frühsommer zwar noch einmal tragen, aber nur noch kleine Früchte bilden. Damit große Früchte entstehen, entfernt man deshalb jedes Frühjahr alle Ruten vollständig.

Brombeere

Bei einem Pflanzabstand von 3 m lässt man bei Brombee-

>> Schnitt für Schnitt

SPARTIPP

Gratis-Pflanzen

- Beerensträucher bilden oft Ausläufer. Sie besitzen spätestens nach zwei Jahren eigene Wurzeln und bilden eigenständige Pflanzen.
- Stechen Sie den Trieb mit Erdballen aus. Eingetopft sind solche Pflanzen ein schönes Geschenk für Gartenfreunde oder zum Pflanzentausch.

1 Himbeere

Abgetragene Ruten schneiden Sie bei frühsommertragenden Himbeeren nach der Ernte ab. Überzählige und schwache Ruten entfernen Sie gleich mit.

2 Brombeere

Die Seitentriebe einjähriger Brombeerruten kürzen Sie im Frühjahr auf drei Knospen ein, die Haupttriebe anschließend auf 3 m Länge.

3 Heidelbeere

Bei Heidelbeere sind stark verzweigte Fruchttriebe regelmäßig durch gerüstnahe Jungtriebe zu ersetzen. Die Gerüsttriebspitzen verschlanken Sie.

ren jedes Jahr fünf bis sieben kräftige Neutriebe stehen und entfernt alle restlichen bereits im Sommer. Brombeeren bilden an diesen Ruten im selben Jahr noch bis zu 1 m lange Seitentriebe. Schneiden Sie im nächsten Frühjahr kurz vor dem Austrieb diese Seitentriebe auf drei Knospen zurück. Dann kürzen Sie die Hauptruten auf maximal 3 m ein und verteilen sie am Gerüst. Mehr oder längere Triebe mindern die Fruchtqualität. Abgeerntete Triebe entfernen Sie direkt nach der Ernte. In kühlen Regionen ist ein Frostschutz sehr zu empfehlen.

Heidelbeere

Das Gerüst der Heidelbeere besteht aus etwa zehn Bodentrieben, die bis zu zehn Jahre vital bleiben. Heidelbeeren tragen ihre Früchte an der Spitze einjähriger Langtriebe, später an deren kurzen Seitentrieben. Entfernen Sie jedes Jahr alle neuen Bodentriebe bis auf den kräftigsten, der einen Alttrieb ersetzt. Kürzen Sie die Gerüsttriebe nicht ein, sondern verschlanken Sie nur den oberen Bereich regelmäßig. Hochwertige Früchte erhalten Sie, wenn Sie stark vergreiste Fruchttriebe auf Jungtriebe nahe am Gerüst umlenken. ■

PRAXISINFO

Bodenpflege

- ✗ Himbeeren, Brombeeren und Heidelbeeren wurzeln flach und mögen keine Wurzelkonkurrenz.
- ✗ Sie bevorzugen einen leicht sauren, lockeren, kühlen und sommerfeuchten Boden.
- ✗ Beim Hacken können Sie die Wurzeln verletzen und so Eintrittspforten für Krankheiten schaffen.
- ✗ Mulchen Sie deshalb regelmäßig mit Rinde, Stroh, Laub oder Rasenschnitt. Die Mulchschicht verhindert Grasbewuchs, hält den Boden feucht und liefert Humus.

>> Spezial

Besondere Wildobst-Naschereien

Wildfrüchte und seltene Obstarten werden weniger wegen der Früchte als wegen ihrer Ästhetik gepflegt. Man schneidet sie nur wenig.

Walnuss: Das Gerüst wird wie bei der Apfelrundkrone erzogen (→ Seite 28). Allerdings werden die Gerüsttriebe nur eingekürzt, wenn ihre Länge stark unterschiedlich ist. An jungen Bäumen entfernt man im Sommer steile Triebe, Konkurrenztriebe und Schlitzäste. Bei gut entwickelten Bäumen ist kein regelmäßiger Schnitt notwendig.

Holunder: Holunder erzieht man meist strauchartig mit drei Gerüsttrieben. Das ergiebigste Fruchtholz besitzt er an einjährigen Langtrieben. Lenken Sie gleich nach der Ernte diese Triebe auf lange, diesjährige, gerüstnahe Triebe um, die dann im nächsten Jahr Früchte tragen. Pro Gerüsttrieb lässt man maximal zehn Fruchttriebe stehen.

Eberesche: Die Eberesche wird meist als Baum gepflanzt. Das Gerüst wird wie beim Apfel aufgebaut (→ Seite 28). Die Krone bleibt jedoch insgesamt steiler, und die Gerüsttriebe werden nicht eingekürzt. Das Fruchtholz bleibt lange vital. Entstehen an diesem keine Blüten mehr, lenken Sie auf einen jüngeren Trieb um.

Maibeere: Die Maibeere wird wie die Rote Johannisbeere erzogen und geschnitten, wird aber bis zu 2,5 m hoch. Ersetzen Sie Gerüsttriebe nach fünf bis acht Jahren durch Jungtriebe und verschlanken Sie die Triebenden des Gerüsts. Die Früchte reifen bereits im Mai.

> **Leckere Maibeeren:** Maibeeren (*Lonicera caerulea* var. *kamtschatica*) blühen früh und reifen schon im Mai. Sie können ohne weiteres nach der Ernte geschnitten werden.

Gesunde Holunderbeeren: Holunder (*Sambucus nigra*) bildet an einjährigen Trieben im Frühjahr kurze Seitentriebe. An ihren Enden erscheinen im Sommer die Früchte.

Eigene Walnüsse ernten: Ein gut erzogener Walnussbaum (*Juglans regia*) benötigt nur wenig Schnitt, bedeckt aber ausgewachsen leicht über 100 m^2.

Reiche Früchte: Ebereschen (*Sorbus aucuparia*) fruchten überreich. Ein regelmäßiger Schnitt hält sie vital.

Obstporträts

Apfel und Birne

Je nach Sorte reifen Apfel und Birne von August bis Oktober und lassen sich teils bis Februar (Birne) bzw. Mai (Äpfel) lagern. Damit beide Obstarten nicht nur blühen, sondern auch befruchtet werden, muss ein weiterer Baum derselben Art mit einer anderen Sorte in der Nähe stehen. Denn die Blüten können sich bei Apfel und Birne weder selbst noch innerhalb derselben Sorte befruchten.
Nicht alle Sorten eignen sich gleich gut. 'Goldparmäne' z. B. befruchtet viele Sorten, 'Boskoop' ist ungeeignet.
Bei der Ernte von Kernobst unterscheidet man zwischen »Erntereife« und »Genussreife« (→ Tabelle Seite 54/55). Frühe Sorten werden direkt nach der Ernte gegessen, späte Sorten müssen nachreifen. Einige neue Sorten, wie 'Topaz', sind schorfpilzresistent. Obwohl 'Goldparmäne' einer Schorfvorsorge bedarf, ist er es wegen seines exzellenten Aromas wert, angebaut zu werden.

Apfel 'Boskoop'

Malus domestica-Sorte

Höhe/Breite: 2,5–8/1,5–12 m
Erntezeit: Mitte–Ende Sept.

➤ **besonders große Blüten**

Besonderheiten: stark wachsende, robuste Sorte; nicht als Befruchter geeignet; Sommerschnitt bei sehr starkem Wachstum empfehlenswert
Standort: trockene Böden oder spätfrostgefährdete Lagen vermeiden
Frucht: genussreif ab November; im Naturlager bis März haltbar; großer Apfel; grüne Farbe mit roten Backen und typischer rostig-rauer Oberfläche; säuerliches Aroma
Verwendung: für Hochstämme; guter Tafel-, vorzüglicher Back- und Kochapfel; Dörrobst

Apfel 'Goldparmäne'

Malus domestica-Sorte

Höhe/Breite: 2,5–5/1,5–8 m
Erntezeit: Mitte–Ende Sept.

➤ **sehr gute Befruchtersorte**

Besonderheiten: blühfreudige Sorte; jährlicher Schnitt; Fruchttriebe regelmäßig erneuern; manchmal schorfanfällig
Standort: benötigt nährstoffreiche Böden; bis in mittlere Höhenlagen anzubauen
Frucht: sofort genussreif; im Naturlager haltbar bis Ende Dezember; mittelgroß; goldgelbes, manchmal glasiges Fruchtfleisch; würziges, intensives Aroma
Verwendung: eher für Hausgarten als für Obstwiese; hochwertiger Tafelapfel; ebenso für Kompott geeignet

Sonne · Halbschatten · selbstfruchtbar · teils selbstfruchtbar

Apfel 'Topaz'

Malus domestica-Sorte

Höhe/Breite: 2,5–5/1,5–8 m
Erntezeit: Mitte–Ende Sept.

➤ **hervorragendes Aroma**

Besonderheiten: ertragreiche Sorte; jährlicher Schnitt zur Fruchttrieberneuerung notwendig; Blattlausbefall möglich; schorfresistent
Standort: für nährstoffreiche Böden; Graskonkurrenz im Wurzelbereich vermeiden; gut durchlüftete Lagen
Frucht: genussreif ab Oktober; im Naturlager bis Januar haltbar; mittelgroß, rote Deckfarbe, zart schmelzendes Fruchtfleisch; sehr aromatisch mit leichter Säure
Verwendung: ein exzellenter Tafelapfel

Birne 'Bosc's Flaschenbirne'

Pyrus communis-Sorte

Höhe/Breite: 2,5–10/1,5–8 m
Erntezeit: Mitte Sept.

➤ **ausgezeichnetes Aroma**

Besonderheiten: mittelstarker Wuchs; gute Befruchtersorte; Fruchttriebe lang überhängend; ein regelmäßiges Erneuern der Fruchttriebe ist zu empfehlen; auf eine sorgfältige Gerüsterziehung achten
Standort: durchschnittliche, aber keine trockenen Böden
Frucht: genussreif Oktober bis November; flaschenförmig; mit leichtem Rost überzogen; zartes, saftiges Fruchtfleisch; süßliches, fein würziges Aroma
Verwendung: für Hochstamm geeignet; hochwertige Tafel- und Einmachbirne

Birne 'Pastorenbirne'

Pyrus communis-Sorte

Höhe/Breite: 2,5–10/2–8 m
Erntezeit: Anfang Okt.

➤ **robust und anspruchslos**

Besonderheiten: stark wachsend; regelmäßige und hohe Erträge; ein Sommerschnitt bei zu starkem Wuchs ist empfehlenswert
Standort: anspruchslos; warme Lagen fördern die Fruchtqualität, durchlüftete Standorte die Gesundheit
Frucht: genussreif November bis Anfang Januar; flaschenförmig; groß; dicke Schale; zartes Fruchtfleisch; warme Herbsttage fördern das Aroma; süßlich und leicht würzig
Verwendung: gute Tafel- und Einmachbirne; Dörrobst

nicht selbstfruchtbar   Blüten am einjährigen Trieb   Blüten am zweijährigen Trieb

Kirsche, Zwetschge & Co.

Die Früchte von Süß- und Sauerkirschen sowie von Zwetschgen und ihren Verwandten sind nicht lange haltbar und müssen sofort verwertet werden. Ein wichtiges Argument bei der Sortenwahl ist eine unterschiedliche Reifezeit. Weitere Kriterien sind Robustheit und Aroma.
Bei Süßkirschen gibt es nur wenige, neuere Sorten, die sich selbst befruchten. Etliche Sorten von Sauerkirsche, Zwetschge & Co. dagegen sind selbstfruchtbar (→ Apfel, Seite 46/47). Erziehen Sie Ihre Bäume mit einer lockeren Krone, sodass viel Licht in das Bauminnere gelangt. Spindelbäume dieser Arten wachsen stärker als Spindeln von Apfel und Birne. Sie bilden oft Steiltriebe im oberen Bereich, deshalb vergreisen die unteren Äste. Ein regelmäßiger Sommerschnitt hält die Bäume in Form. Der Frühjahrsschnitt dient nur noch kleineren Korrekturen.

Süßkirsche 'Kordia'

Prunus avium-Sorte

Höhe/Breite: 3–10/2–10 m
Erntezeit: Juli

➤ **sehr aromatisch, platzfest**

Besonderheiten: wüchsige Sorte; Befruchtersorten in der Baumschule erfragen; auf eine lockere Krone achten; Sommerschnitt direkt nach der Ernte bevorzugen
Standort: keine schweren, verdichteten Böden; keine Spätfrostlagen
Frucht: braunviolette Knorpelkirsche; sehr regenfest; lange Ernteperiode; ausgewogenes Verhältnis von Zucker und Säure; volles Kirschenaroma
Verwendung: auch für Obstwiesen; hochwertige Tafelkirsche; Einmachobst, Marmelade

Sauerkirsche 'Karneol'

Prunus cerasus-Sorte

Höhe/Breite: 3–5/3–4 m
Erntezeit: Mitte–Ende Juli

➤ **ungewöhnlich süß**

Besonderheiten: durch Fremdbefruchtung höherer Ertrag; dann ertragreich; Blüten nur an Langtrieben; strenger Schnitt fördert neue Fruchttriebe; robust gegenüber der Pilzkrankheit Spitzendürre
Standort: keine trockenen Böden; Spätfrostlagen meiden
Frucht: dunkelrote, große Frucht; für Sauerkirsche zarte Säure und angenehm süß; löst sich leicht vom Stiel
Verwendung: Hausgarten; sehr gute Tafelfrucht; wertvolle Einmachfrucht; gut geeignet für Saft und Marmelade

Sonne · Halbschatten · selbstfruchtbar · teils selbstfruchtbar

Zwetschge 'Ersinger Frühzwetschge'

Prunus domestica-Sorte
Höhe/Breite: 3–6/1,5–5 m
Erntezeit: Ende Juli–Mitte Aug.

➤ **aromatisch, frühe Ernte**

Besonderheiten: Wuchs anfangs stark, lässt aber mit zunehmendem Ertrag deutlich nach; Fruchtholz regelmäßig erneuern; tolerant gegenüber dem Scharkavirus
Standort: mag keine trockenen Böden
Frucht: mittelgroß; rötlich violett mit hellblauer Bereifung; Geschmack süß und gewürzt mit erfrischender Säure
Verwendung: für Hausgarten und auch für Obstwiesen geeignet; gute Tafel-, sehr gute Backzwetschge; für Marmelade und Kompott

Zwetschge 'Presenta'

Prunus domestica-Sorte
Höhe/Breite: 2,5–5/1,5–5 m
Erntezeit: Ende Sept.–Mitte Okt.

➤ **ausgezeichnete Spätsorte**

Besonderheiten: mittelstarker Wuchs; Fruchtholz regelmäßig erneuern; tolerant gegenüber dem Scharkavirus
Standort: keine trockenen Böden; die späte Reife erfordert Lagen mit warmem Herbst
Frucht: mittelgroß; dunkelblau mit intensiver Bereifung; Fruchtfleisch saftig; vorzüglicher Geschmack, ähnlich der »Hauszwetschge«, süß mit leichter Säure
Verwendung: vor allem für Hausgarten; sehr gute Tafel- und Backzwetschge; für Marmelade, Kompott, Dörrobst

'Nancymirabelle'

Prunus domestica subsp. *syriaca*-Sorte
Höhe/Breite: 2,5–6/1,5–5 m
Erntezeit: August

➤ **feines, intensives Aroma**

Besonderheiten: stark wachsend; regelmäßige Erträge; gute Befruchtersorte für Pflaumen- und Zwetschgen; große Schnittwunden vermeiden; Fruchtholz regelmäßig durch »kleine« Schnitte erneuern
Standort: keine trockenen Böden; gut durchlüftete Lagen
Frucht: goldgelb, sonnenseits rötlich gefärbt; Fleisch fest; süß, typisches Mirabellenaroma; gut vom Stein lösend
Verwendung: auch für Obstwiesen; hervorragende Tafelfrucht; geeignet für Schnaps, Dörrobst, Marmelade

nicht selbstfruchtbar | Blüten am einjährigen Trieb | Blüten am zweijährigen Trieb

Seltene Obstarten

Da Pfirsich und Quitte, Kiwi und Tafeltraube im Hausgarten bis zum optimalen Erntezeitpunkt reifen können, bilden sie ein unvergleichlich intensives Aroma aus. Das Fruchtholz der Quitte bleibt länger vital, die anderen fruchten am einjährigen Holz – ältere Triebe vergreisen schnell, und ein jährlicher Schnitt ist nötig. Pfirsiche, kleine Kiwis und Trauben sollten bald nach der Ernte verwendet werden, Quitten kann man drei bis fünf Wochen lagern.
Kleine Kiwis, auch als Bayernkiwis bekannt, sind sehr frosthart und gedeihen auch in höheren Lagen an einer Wand. Weinreben benötigen mehr Wärme, aber an einer Hauswand ist der Anbau von früh reifenden Sorten bis 800 m möglich. Kiwi und Tafeltraube werden immer an einem Gerüst erzogen. Pfirsich und Quitte fühlen sich im Weinbauklima am wohlsten. Robuste Sorten gedeihen auch in kühleren Lagen.

Mini-Kiwi 'Weiki'

Actinidia arguta-Sorte

Höhe/Breite: 2–6/1–4 m
Erntezeit: Anfang–Mitte Okt.

➤ **mit der Schale essbar**

Besonderheiten: sehr frosthart; durch Fremdbefruchtung mit einer männlichen Befruchtersorte höherer Ertrag; altes Holz im Frühjahr auslichten; Sommerschnitt notwendig
Standort: gut durchlüftete, humose, sommerfeuchte, nicht zu kalkhaltige Böden; Wurzelbereich schattieren oder mulchen
Frucht: glatte Schale; nur kurz lagerbar; hoher Vitamin-C- und Mineraliengehalt; leicht säuerlich mit Stachelbeeraroma
Verwendung: als Spalier; gute Tafelfrucht; für Marmeladen, Säfte und Likör

Quitte 'Konstantinopeler'

Cydonia oblonga-Sorte

Höhe/Breite: 3–6/3–7 m
Erntezeit: Sept.–Mitte Okt.

➤ **leckere Apfelquitte**

Besonderheiten: mittelstarker Wuchs; durch Fremdbefruchtung höherer Ertrag; frosthartes Holz; Fruchtholz regelmäßig erneuern und auslichten; geringere Anfälligkeit für Feuerbrand als andere Sorten
Standort: sehr kalkhaltige Böden meiden; warme, geschützte Lagen bevorzugen
Frucht: mittelgroß; wenig behaart; feinkörniges Fruchtfleisch; gut zu verarbeiten; bis Anfang Dezember lagerbar
Verwendung: exquisite Marmeladen, Gelees; Likör; Backfrucht; Quittenbrot; Duftfrucht

Sonne · Halbschatten · selbstfruchtbar · teils selbstfruchtbar

Pfirsich 'Roter Ellerstätter'

Prunus persica-Sorte
Höhe/Breite: 2–4/2–4 m
Erntezeit: Anfang–Mitte Sept.

➤ **intensives Aroma**

Besonderheiten: wüchsige Sorte; ertragreich; kleine Früchte im Frühsommer auspflücken; trägt am einjährigen Trieb; starker, jährlicher Schnitt notwendig; schwache Triebe entfernen; Sommerschnitt empfehlenswert; robust gegenüber der Kräuselkrankheit
Standort: warme Lagen; keine Spätfrostlagen
Frucht: mittelgroß; rote Farbe; weißfleischig; gut vom Stein lösend; saftig; intensives Aroma
Verwendung: Tafelpfirsich; hervorragende Einmachfrucht; Marmelade, Dörrobst

Traube 'Bianca'

Vitis vinifera-Sorte

Höhe/Breite: 3–6/2–6 m
Erntezeit: Sept.–Anfang Okt.

➤ **leckere Früchte**

Besonderheiten: mittelstarker Wuchs; hohe Erträge; beim Spalieraufbau je Gerüstarm jährlich um höchstens fünf Knospen verlängern; gute Pilzresistenz
Standort: außerhalb von Weinbaugebieten nur an sonnigen Hauswänden; tiefgründige, humose Böden fördern die Traubengröße
Frucht: grün-gelbe Farbe; mittelgroße Trauben und Beeren; zuckersüß und aromatisch
Verwendung: als Spalier; Tafeltraube; auch für Saft oder Wein geeignet

Traube 'Muscat Bleu'

Vitis vinifera-Sorte

Höhe/Breite: 3–8/2–8 m
Erntezeit: Sept.–Anfang Okt.

➤ **sehr schmackhaft**

Besonderheiten: ältere Sorte; starkwüchsig; Sommerschnitt und anschließendes Ausbrechen der neuen Seitentriebe notwendig; hohe Pilzresistenz; gelbe Herbstfärbung
Standort: windgeschützter Standort fördert die Beerenzahl pro Traube; in Höhenlagen nur an einer Hauswand
Frucht: blaue Farbe; knackig; sehr große, lockere Trauben und große Beeren; fruchtig-würziger Muskatgeschmack
Verwendung: als Spalier; Tafeltraube; für Müslis und Kuchen; als Beilage zu Käse

Beerenobst

Die hier beschriebenen Beerenobstarten haben einiges gemeinsam: Sie mögen keine zu kalkhaltigen Böden mit pH-Werten über 6,5. Ihre Wurzeln wachsen flach im Boden – Hacken ist daher verboten, Mulchen mit Stroh oder anderen Materialien dagegen erwünscht. Und sie brauchen einen jährlichen Schnitt zur Erhaltung und Pflege des Fruchtholzes.
Himbeeren und Brombeeren bilden kein Gerüst, ihre abgetragenen Triebe sterben nach der Ernte ab. Die anderen Arten bauen ein Gerüst auf, das einige Jahre vital bleibt.
Setzen Sie mehrere nacheinander reifende Sorten, um über Monate hinweg ernten zu können.
Sind die Pflanzen durch den richtigen Schnitt gut durchlüftet und erhalten die Beeren viel Licht, ist eine hochwertige Ernte vollreifer Früchte garantiert. Geeignet sind vor allem Sorten, die gegenüber Krankheiten robust sind, ein ausgeprägtes Aroma und einen intensiven Geschmack besitzen.

Rote Johannisbeere 'Rotet'

Ribes rubrum-Sorte

Höhe/Breite: 1–2/1–2 m
Erntezeit: Juli

➤ **viele aromatische Früchte**

Besonderheiten: robust; bestes Fruchtholz an einjährigen, mittelstarken und mittellangen Seitentrieben; Fruchtholz jährlich erneuern; lange Trauben; gut zu ernten
Standort: humose, sommerfeuchte Böden; windgeschützter Standort
Frucht: mittelgroße, rote Beeren; weiche Beerenhaut; säuerlicher Geschmack und kräftiges Aroma; regenfest; hoher Vitamin-C-Gehalt
Verwendung: Tafelfrucht; für Marmeladen, Gelees und Desserts; gut zu konservieren

Stachelbeere 'Rolonda'

Ribes uva-crispa-Sorte

Höhe/Breite: 0,5–1,5/1–1,5 m
Erntezeit: Mitte–Ende Juli

➤ **rote, süß-saure Beeren**

Besonderheiten: starker, breiter Wuchs; ertragreich; trägt an einjährigen, langen Seitentrieben; mehltaufest
Standort: sommerfeuchte, humose Böden; heiße Standorte vermeiden
Frucht: mittelgroß; dunkelrot; nur wenig behaart; feste Schale; platzfest; lange am Strauch haltbar; gutes Aroma; Zucker und Säure stehen in einem ausgewogenen Verhältnis
Verwendung: geeignet für Heckenspalier; Tafelfrucht; für Marmeladen, Gelees und Desserts; gut zu konservieren

Sonne · Halbschatten · selbstfruchtbar · teils selbstfruchtbar

Brombeere 'Nessy'

Rubus fruticosus-Sorte

Höhe/Breite: 2–4/1–5 m
Erntezeit: Ende Juli–Mitte Sept.

➤ **Brombeere pur**

Besonderheiten: starker Wuchs; stachellos; gut pflückbar; abgetragene Ruten nach der Ernte entfernen; Jungruten im Sommer festbinden; Rückschnitt der Seitentriebe auf drei Knospen erst im Frühjahr
Standort: keine heißen Lagen; sommerfeuchte Böden; regelmäßig mulchen
Frucht: große, schwarze, glänzende Beeren; süß-säuerliches Aroma; reift nach und nach
Verwendung: als Spalier an einem Gerüst erziehen; hervorragende Tafelfrucht; sehr gut zu verarbeiten

Himbeere 'Rubaca'

Rubus idaeus-Sorte

Höhe/Breite: 1,5–3/1–2 m
Erntezeit: Mitte–Ende Juli

➤ **aromatische Sorte**

Besonderheiten: mittelstarker Wuchs; gut pflückbar; sehr frosthart; stark bestachelt; abgetragene Triebe nach der Ernte entfernen; nur zehn kräftige Neutriebe pro Meter Gerüst belassen; robust gegenüber Krankheiten
Standort: sommerfeuchte, gut durchlüftete, humose Böden; regelmäßig mulchen
Frucht: mittelgroß; leicht glänzend; intensives Aroma
Verwendung: als Spalier; Tafelfrucht; für Marmeladen, Kuchen und Desserts; aufgetaute Früchte bleiben formstabil

Kulturheidelbeere 'Bluecrop'

Vaccinium corymbosum-Sorte

Höhe/Breite: 1–2/1–3 m
Erntezeit: Mitte Juli–Ende Aug.

➤ **für Diabetiker**

Besonderheiten: mittelstarker Wuchs; flach wurzelnd; robust; frosthart; ertragreich; regelmäßig auslichten und Fruchttriebe verschlanken; rote Herbstfärbung
Standort: windgeschützt; Boden ansäuern, Pflanzerde mit Rinde oder Sägemehl großzügig durchmischen; danach mit Rinde 20 cm hoch mulchen
Frucht: groß; hellblau, grau bereift; platzfest; feiner, säuerlicher Geschmack; festes Fruchtfleisch; Saft färbt nicht
Verwendung: gute Tafelfrucht; für Müslis, Kuchen und Desserts

nicht selbstfruchtbar | Blüten am einjährigen Trieb | Blüten am zweijährigen Trieb

Weitere Obstarten und -sorten

Kernobst: Apfel, Birne und Quitte

Name	Kurzinfo	Höhe/ Breite (m)	Erntereife/ Genussreife	Bemerkungen
Quitte 'Cydora' *Cydonia oblonga*-Sorte		3–6/ 3–6	Anf. Okt.–Mitte Nov.	robust gegenüber Feuerbrand; Frucht leuchtend gelb und kaum behaart; ausgeprägter Geschmack
Apfel 'Ananasrenette' *Malus domestica*-Sorte		2–6/ 1–5	Mitte–Ende Okt./ bis Anf. Feb.	alte Liebhabersorte; gute Böden; würziges Ananasaroma
Apfel 'Ariwa' *M. domestica*-Sorte		2–5/ 1,5–8	Anf.–Mitte Okt./ Anf. Nov.–Jan.	schorfresistente Lagersorte; süß mit leichter Säure; für Saft geeignet
Apfel 'Bohnapfel' *M. domestica*-Sorte		2,5–7/ 1,5–12	Mitte–Ende Okt./ Nov.–Mai	eine der besten Saft- und Apfelweinsorten; robust; für Obstwiesen geeignet
Apfel 'Florina' *M. domestica*-Sorte		2–6/ 1,5–8	Anf.–Mitte Okt./ Mitte Nov. –Feb.	schorfresistent; gut lagerbar; leicht aromatisch
Apfel 'Gewürzluiken' *M. domestica*-Sorte		2,5–8/ 1,5–12	Mitte–Ende Okt./ Nov.–Mitte März	alte, robuste und starkwüchsige Sorte; für Obstwiesen geeignet
Apfel 'Glockenapfel' *M. domestica*-Sorte		2–6/ 1,5–8	Anf.–Mitte Okt./ Dez.–Anf. Apr.	starker Wuchs; für Obstwiesen geeignet; fein säuerliches, aromatisches Fruchtfleisch
Apfel 'Gravensteiner' *M. domestica*-Sorte		2,5–8/ 1,5–12	Mitte–Ende Aug./ Mitte Okt.	alte und wertvolle Spätsommersorte; auch für Obstwiesen geeignet
Apfel 'Pilot' *M. domestica*-Sorte		2–5/ 1,5–6	Mitte Sept.–Okt./ bis Anf. April	robuste Lagersorte; knackiges, duftendes Fleisch
Apfel 'Piros' *M. domestica*-Sorte		2–5/ 1,5–8	Ende Juli–Anf. Sept.	sehr robuste Frühsorte; würziges Aroma
Apfel 'Rewena' *M. domestica*-Sorte		2–5/ 1–5	Anf. Okt./ Nov.–Anf. Feb.	feuerbrand- und pilzresistent; sehr gute Saftsorte; für Obstwiesen geeignet
Säulenapfel 'Ginover' *M. domestica*-Sorte		2–4/ 0,5–1	Mitte–Ende Sept./ Ende Jan.	pilzfester Säulenapfel; würziges Aroma; für den Hausgarten
Säulenapfel 'Lancelot' *M. domestica*-Sorte		2–4/ 0,5–1	Anf. –Mitte Sept./ Mitte Jan.	pilzfester Säulenapfel; für gute Böden; sehr aromatisch
Säulenapfel 'Maypole' *M. domestica*-Sorte		2–4/ 0,5–1	Mitte Aug.	schlank wachsender Säulenapfel; rosa Blüten; Laub und Fruchtfleisch rötlich; sehr dekorativ
Birne 'Alexander Lukas' *Pyrus communis*-Sorte		2,5–8/ 2–6	Anf.–Mitte Okt./ Nov.–Dez.	stark wachsend; großfruchtig; saftiges und würziges Aroma; auch für Obstwiesen

Name	Kurzinfo	Höhe/ Breite (m)	Erntereife/ Genussreife	Bemerkungen
Birne 'Bunte Juli' *P. communis*-Sorte		2,5–7/ 1,5–6	Mitte Juli– Anf. Aug.	bei termingerechter Ernte eine zimtartig gewürzte Sommerbirne mit zartem Fruchtfleisch
Birne 'Gellerts Butterbirne' *P. communis*-Sorte		2,5–12/ 2–8	Mitte Sept.– Ende Okt.	gute Befruchtersorte; bildet dekorative Bäume in der Landschaft; sehr aromatisch
Birne 'Harrow Sweet' *P. communis*-Sorte		2,5–7/ 1,5–6	Mitte Sept.– Nov.	feuerbrandresistente Birne; für gute Böden; zuckersüß und aromatisch
Birne 'Winterforelle' *P. communis*-Sorte		2–4/ 0,5–1	Mitte–Ende Okt./ Mitte Dez.–Feb.	robust; Früchte lassen sich kühl ohne Qualitätsverlust lange lagern

Steinobst: Aprikose, Kirsche, Pflaume und andere

Name	Kurzinfo	Höhe/ Breite (m)	Erntereife	Bemerkungen
Aprikose 'Hargrand' *Prunus armeniaca*-Sorte		2–5/ 2–4	Mitte Juli– Mitte Aug.	robust; sehr große Frucht; festes Fruchtfleisch; sehr guter Geschmack; für luftige Böden
Aprikose 'Ungarische Beste' *P. armeniaca*-Sorte		2–5/ 2–4	Anf.–Ende Aug.	gute Befruchtersorte; ertragreich; schmelzendes, süßes Fleisch; nur für Weinbauklima geeignet
Süßkirsche 'Lapins' *P. avium*-Sorte		3–8/ 2–8	Ende Juni– Mitte Juli	vor allem für Regionen mit geringen Niederschlägen zur Reifezeit; guter Geschmack
Süßkirsche 'Regina' *P. avium*-Sorte		3–8/ 2–8	Juli	späteste empfehlenswerte Sorte; platzfest; saftige Frucht; schmeckt lecker
Süßkirsche 'Starking Hardy Giant' *P. avium*-Sorte		3–8/ 2–8	Mitte– Ende Juni	für gute Böden; platzfest; intensives Aroma; vor allem als Tafelfrucht geeignet
Sauerkirsche 'Beutelspacher' *P. cerasus*-Sorte		3–6/ 3–5	Juni	anspruchslos; säuerlich mit einem hochfeinen Aroma
Sauerkirsche 'Gerema' *P. cerasus*-Sorte		2–4/ 1,5–4	Juli	robust; schwacher Wuchs; guter Geschmack; fruchtet auch an einjährigen Kurztrieben
Pflaume 'Ontariopflaume' *P. domestica*-Sorte		2,5–6/ 1,5–6	Aug.	starker Wuchs; auch für Obstwiesen; gelbe, sehr süße und saftige Pflaume
Pflaume 'Ruth Gerstetter' *P. domestica*-Sorte		2,5–5/ 1,5–5	Ende Juni– Mitte Juli	Scharkavirus-tolerant; früheste Sorte; für gute Böden; leicht säuerlich

Steinobst (Fortsetzung)

Name	Kurzinfo	Höhe/ Breite (m)	Erntereife	Bemerkungen
Zwetschge 'Bühler Frühzwetschge' *P. domestica*-Sorte		2,5–7/ 1,5–6	Ende Juli– Mitte Aug.	stark wachsend; auch für Obstwiesen; exzellente Back- und Saftfrucht
Zwetschge 'Elena' *P. domestica*-Sorte		2,5–5/ 1,5–5	Mitte Sept.– Mitte Okt.	Scharkavirus-tolerante Spätsorte; süß; ausgewogenes Aroma
Reineclaude 'Oullins Reineclaude' *P. domestica* subsp. *rotunda*-Sorte		2,5–6/ 1,5–6	Aug.– Anf. Sept.	robust; große, gelbe, saftige, leicht würzige Früchte; regelmäßiger Schnitt beugt dem Verkahlen vor
Mirabelle 'Miragrande' *P. domestica* subsp. *syriaca*-Sorte		2,5–5/ 1,5–5	Ende Aug.– Sept.	robust und großfruchtig mit einem feinen Mirabellenaroma
Pfirsich 'Anneliese Rudolph' *P. persica*-Sorte		2–4/ 2–4	Ende Juli– Mitte Aug.	robuste Sorte; ertragreich; weißfleischig; sehr aromatisch
Pfirsich 'Bero' *P. persica*-Sorte		2–4/ 2–4	Mitte Aug.– Anf. Sept.	robust gegenüber Kräuselkrankheit; Blüten und Holz frosthart; sehr saftig
Nektarine 'Nectared' *P. persica* var. *nectarina*-Sorte		2–4/ 2–4	Aug.	gegen Kräuselkrankheit vorbeugend behandeln; gelbfleischig; süß; milde Säure

Beerenobst: Johannisbeere, Himbeere, Stachelbeere, Kiwi und andere

Name	Kurzinfo	Höhe/ Breite (m)	Erntereife	Bemerkungen
Kiwi 'Hayward' *Actinidia deliciosa*-Sorte		2–8/ 2–6	Mitte– Ende Okt.	großfrüchtige, sehr aromatische Sorte; Jungpflanzen vor Frost schützen
Kiwi 'Jenny' *A. deliciosa*-Sorte		2–6/ 2–4	Mitte– Ende Okt.	kleinere Früchte als 'Hayward'; männliche Sorte steigert den Ertrag; aromatisch; Winterschutz
Kiwi 'Matua' *A. deliciosa*-Sorte		2–8/ 2–6	–	männliche Sorte als Befruchter für groß- und kleinfrüchtige Kiwis; Jungpflanzen schützen
Schwarze Johannisbeere 'Titania' *Ribes nigrum-Sorte*		1–2/ 1–2,5	Ende Juni– Mitte Juli	sehr robuste, schwarze Sorte; ertragreich; mildes Aroma; sehr hoher Vitamin-C-Gehalt; verträgt Halbschatten
Rote Johannisbeere 'Jonkher van Tets' *R. rubrum-Sorte*		1–2/ 1–2	Ende Juni– Anf. Juli	früheste Sorte; rote, reife Früchte nicht zu zu lange hängen lassen; säuerlich; kräftiges Aroma; verträgt Halbschatten

Name	Kurzinfo	Höhe/ Breite (m)	Erntereife	Bemerkungen
Weiße Johannisbeere 'Weiße Versailler' *R. rubrum*-Sorte		1–1,5/ 1–1,5	Mitte– Ende Juli	alte, weiße Liebhabersorte; schwacher Wuchs; angenehmer, milder Geschmack; verträgt Halbschatten
Stachelbeere 'Invicta' *R. uva-crispa*-Sorte		0,5–1,5/ 0,5–1,5	Ende Juni– Anf. Juli	pilz- und platzfest; ertragreich; mittelgroße, grüne Früchte; verträgt Halbschatten
Stachelbeere 'Rokula' *R. uva-crispa*-Sorte		0,5–1,5/ 0,5–1,5	Mitte– Ende Juni	pilzfest; große, rote Früchte, die lange am Strauch genießbar bleiben
Jostabeere 'Jostina' *R. × nidigrolaria*-Sorte		1–2,5/ 1–3	Ende Juni– Mitte Juli	robust; sehr starker Wuchs; aromatisch; Vitamin-C-reich; verträgt Halbschatten
Brombeere 'Theodor Reimers' *Rubus fruticosus*-Sorte		2–5/ 2–5	Ende Juli– Ende Aug.	stachelige Sorte; süße Früchte mit einem sehr intensiven Aroma
Himbeere 'Blissy' *R. idaeus*-Sorte		1–1,5/ 1–4	Anf. Aug.– Anf. Okt.	robuste Spätsommer- und Herbstsorte; große, aromatische, glänzende Früchte
Himbeere 'Willamette' *R. idaeus*-Sorte		1–2/ 1–3	Ende Juni– Mitte Juli	robuste, sehr frühe Sorte; mittelstarker Wuchs; feste, aromatische Früchte
Japanische Weinbeere *R. phoenicolasius*		2–5/ 1–2	Mitte Juli– Anf. Aug.	robust; Frucht klein, säuerlich, aber extrem aromatisch; verträgt Halbschatten
Heidelbeere 'Duke' *Vaccinium corymbosum*-Sorte		1–2,5/ 1–3	Mitte Juni– Mitte Juli	früheste Sorte; sehr aromatische Früchte; mulchen nötig; verträgt Halbschatten

Wildfrüchte und Nüsse

Name	Kurzinfo	Höhe/ Breite (m)	Erntereife	Bemerkungen
Scheinquitte 'Cido' *Chaenomeles japonica*-Sorte		0,8–1/ 1–1,5	Mitte Sept.– Mitte Okt.	Bodentriebe nach fünf Jahren ersetzen; hoher Vitamin-C-Gehalt; starker Duft; Verwertung wie Quitte
Kornelkirsche 'Jolico' *Cornus mas*-Sorte		3–8/ 3–6	Mitte Aug.– Ende Sept.	attraktive gelbe Blüte im März; anspruchslos; rote Früchte für Marmelade, Likör
Walnuss 'Nr. 26' *Juglans regia*-Sorte		8–15/ 8–15	Ende Sept.– Mitte Okt.	späte Blüte; geringe Spätfrostgefahr; dünne Schale; ertragreich
Maibeere 'Maistar' *Lonicera caerulea* var. *kamtschatica*-Sorte		1–1,5/ 1–2	Mitte Mai– Anf. Juni	anspruchslos; blaue, längliche Frucht; zur Verwertung als Marmelade und Likör
Holunder 'Haschberg' *Sambucus nigra*-Sorte		4–7/ 3–6	Mitte Aug.– Mitte Sept.	sehr große Beeren; regelmäßiger Ertrag; Fruchttriebe jährlich erneuern

Schnittkalender

Schnittzeit Kernschnittzeit

Deutscher Name	Botanischer Name
Apfel	*Malus domestica*-Sorten
Aprikose	*Prunus armeniaca*-Sorten
Birne	*Pyrus communis*-Sorten
Brombeere	*Rubus fruticosus*-Sorten
Eberesche	*Sorbus aucuparia*-Sorten
Heidelbeere	*Vaccinium corymbosum*-Sorten
Himbeere, frühsommertragende	*Rubus idaeus*-Sorten
Himbeere, spätsommertragende	*Rubus idaeus*-Sorten
Holunder	*Sambucus nigra*-Sorten
Japanische Weinbeere	*Rubus phoenicolasius*
Jostabeere	*Ribes* × *nidigrolaria*-Sorten
Kiwi	*Actinidia deliciosa*-, *A. arguta*-Sorten
Kornelkirsche	*Cornus mas*-Sorten
Maibeere	*Lonicera caeruleum* var. *kamtschatica*-Sorten
Mirabelle	*Prunus domestica* var. *syriaca*-Sorten
Nektarine	*Prunus persica* var. *nectarina*-Sorten
Pfirsich	*Prunus persica*-Sorten
Pflaume	*Prunus domestica*-Sorten
Quitte	*Cydonia oblonga*-Sorten
Reineclaude	*Prunus domestica* subsp. *rotunda*-Sorten
Rote/Weiße Johannisbeere	*Ribes rubrum*-Sorten
Sauerkirsche	*Prunus cerasus*-Sorten
Scheinquitte, Zierquitte	*Chaenomeles*-Arten und -Sorten
Schwarze Johannisbeere	*Ribes nigrum*-Sorten
Spalierobst	alle Arten und Sorten
Stachelbeere	*Ribes uva-crispa*-Sorten
Süßkirsche	*Prunus avium*-Sorten
Walnuss	*Juglans regia*-Sorten
Weinrebe/Tafeltraube	*Vitis vinifera* subsp. *sativa*-Sorten
Zwetschge	*Prunus domestica*-Sorten

ite	JAN	FEB	MÄRZ	APR	MAI	JUNI	JULI	AUG	SEP	OKT	NOV	DEZ
, 46, 54												
, 55												
, 46, 54, 55												
, 53, 57												
53, 57												
, 53, 57												
, 57												
, 57												
, 57												
, 50, 56												
, 57												
, 49, 55												
, 56												
, 51, 56												
, 55												
, 50, 54												
, 56												
, 52, 56												
, 48, 55												
, 56												
, 23												
, 52, 57												
, 48, 55												
, 57												
, 51												
, 49, 56												

Die **halbfett** gesetzten Seitenzahlen verweisen auf Abbildungen. Weitere Obstarten und -sorten finden Sie in den Tabellen auf den Seiten 54–57.

Literatur

Haas, H.: Pflanzenschnitt. Gräfe und Unzer Verlag, München

Pirc, H.: Wildobst im eigenen Garten. Stocker Verlag, Graz

Adressen

Informationen über Obstbaumschulen:
Bund deutscher Baumschulen (BdB) e.V.
Bismarckstr. 49
25421 Pinneberg
www.bund-deutscher-baumschulen.de

Bundesfachsektion Baumschule
Draschestr. 13–19
A-1232 Wien
www.baumschulinfo.at

Verband Schweizerischer Baumschulen
Zürcherstr. 17
CH-5200 Windisch
www.vsb.ch

Information

Im Internet:
- www.gartenbauvereine.de
- www.kleingartenbund.de

Schnittkurse veranstalten Volkshochschulen, Obst- und Gartenbauvereine sowie Kleingartenvereine. Informationen erhalten Sie bei Beratungsstellen von Landwirtschaftskammern oder Landratsämtern, in größeren Städten im Umwelt- oder Gartenamt.

Danksagung

Ich danke Gertraud Herrmann, Geroldshausen, für ihre wertvolle Unterstützung und ihre Anregungen zum besseren Verständnis und zur Sprache.

Wichtige Hinweise

➤ Leitern müssen immer stabil stehen.
➤ Tragen Sie bei der Arbeit mit Scheren oder Sägen Handschuhe.
➤ Arbeiten Sie nicht mit rostigen, unscharfen Schneidgeräten – Verletzungsgefahr!
➤ Wenn Sie sich bei der Arbeit verletzen, sollten Sie umgehend einen Arzt aufsuchen. Eventuell ist eine Impfung gegen Tetanus erforderlich.
➤ Halten Sie Kinder bei Schneidarbeiten fern.
➤ Schneidgeräte für Kinder unzugänglich aufbewahren.

Bildnachweis

Arco Images/Doerr: U2/1; Fischer: 48 re., 51 li.; Gärtner Pötschke: 51 mi.; Haas: U4 mi., 3, 4/5, 6, 11, 12, 14, 16 li., 16 mi., 16 re., 22, 23 li., 23 re. o., 25, 27, 28, 30, 34, 47 mi., 48 mi., 52 mi.; Hartmann: 47 li., 49 li.; Häberli: 42, 53 mi., 53 re.; Holzförster: 9; IFA/Alastor: U4 re.; Imago/Lutzmann, Schöning: 2/3, 43 li. u.; Pforr: U4 li., 23 re. u., 49 mi.; Redeleit: 20, 43 re., 46 re.; Reinhard H.: 21, 33, 36, 39, 40, 43 li. o., 46 mi., 47 re., 50 mi., 52 re., 53 li.; Stork: 10; Strauß: 44/45, 49 re., 50 re.; Teubner Foodfoto: 64; Vario-Press/Schauhuber: U1.
Illustrationen: Heidi Janiček
Fotos auf dem Umschlag und im Innenteil: Umschlagvorderseite: Zwetschgen; Umschlag innen/S. 1: Blühender Kirschbaum auf Rapswiese; S. 3 re: Blühender Reineclauden-Zweig; S. 4/5: Blütentrieb Pfirsich; S. 44/45: Mirabellen; S. 64: Birne 'Santa Maria'; Umschlagrückseite: Apfelblüte (li.), Obstschnitt (mi.), Süßkirschen (re.).

Der Autor

Hansjörg Haas hat nach seiner Ausbildung zum Gärtner und dem Studium der Gartenbauwissenschaften an der TU München-Weihenstephan an einer Obstbaumschule gearbeitet. Seit 1992 arbeitet er als Fachberater für Gartenbau und Landespflege, gibt Praxiskurse und hält Vorträge.

Impressum

Redaktion und Konzeption: Birgit Dauenhauer
Lektorat: Barbara Kiesewetter
Umschlaggestaltung und Layout: independent Medien-Design, München
Produktion: Bettina Häfele
Satz: Uhl + Massopust, Aalen
Reproduktion: Longo, Bozen
Druck und Bindung: Kaufmann, Lahr
Printed in Germany

ISBN 3-7742-7677-3

Auflage	4	3	2	1
Jahr	2008	2007	2006	2005

GRÄFE UND UNZER

Ein Unternehmen der
GANSKE VERLAGSGRUPPE

Das Original mit Garantie

Ihre Meinung ist uns wichtig. Deshalb möchten wir Ihre Kritik, gerne aber auch Ihr Lob erfahren. Um als führender Ratgeberverlag für Sie noch besser zu werden. Darum: Schreiben Sie uns! Wir freuen uns auf Ihre Post und wünschen Ihnen viel Spaß mit Ihrem GU-Ratgeber.

Unsere Garantie: Sollte ein GU-Ratgeber einmal einen Fehler enthalten, schicken Sie uns das Buch mit einem kleinen Hinweis und der Quittung innerhalb von sechs Monaten nach dem Kauf zurück. Wir tauschen Ihnen den GU-Ratgeber gegen einen anderen zum gleichen oder ähnlichen Thema um.

GRÄFE UND UNZER VERLAG
Redaktion Haus & Garten
Postfach 86 03 25
81630 München
Fax 0 89/4 19 81-1 13
E-mail:
leserservice@graefe-und-unzer.de

GUTES WERKZEUG

Verwenden Sie immer **scharfes** und **sauberes Werkzeug**. Gartenscheren sollen sich beim Schneiden nicht verhaken, die Klingen müssen immer mühelos aneinander vorbeilaufen. **Bypass-Scheren** quetschen die Triebe weniger als Amboss-Scheren. Für dickere Äste wählen Sie die Astschere oder eine Säge.

So ernten Sie reichlich leckere Früchte

SPITZEN VERSCHLANKEN

Jede Schnittstelle verursacht einen **Saftstau**. Unterhalb der Schnittstelle treiben in der Folge die obersten Knospen stark aus. Entstehen mehrere starke Triebe, entfernen Sie diese bis auf einen und **verschlanken** Sie die Triebspitze. So kommt Licht ins Innere des Baums, und das **Fruchtholz bleibt vital**.

RUNDKRONE AUFBAUEN

Zum Aufbau einer **Rundkrone** kürzen Sie außer den Gerüsttrieben die einjährigen Triebe nie ein. **Flache Triebe** lassen Sie alle stehen, **steile Triebe**, die den Gerüsttrieben Konkurrenz machen, entfernen Sie ganz. Ansonsten werden einjährige Triebe nie eingekürzt.

BEERENOBST AM SPALIER

Gerüste für Brombeere, Himbeere, Tafeltraube oder Kiwi müssen robust sein. Besonders Trauben und Kiwis entwickeln im Laufe der Jahre ein großes Gewicht, das von dem **Holzgerüst** oder **Drahtspalier** getragen werden muss. Dieses muss über Jahre **stabil** bleiben.